———— 여행자의 스케치북 ————

광저우에서 만난 순간들

여행자의 스케치북

광저우에서 만난 순간들

글·그림 | 이병수

BM (주)도서출판 성안당

들어가며

"중국 광저우에서 근무할 때 휴일이면 배낭을 메고 집 밖으로 뛰쳐나갔다. 망중한(忙中閑)의 시간을 활용하여 무작정 떠났다. 집 안에 틀어박혀 있는 것도 싫고, 무엇보다 소중한 시간을 허투루 보내기도 싫어 무작정 여행하며 시야에 들어온 모든 것을 느낌 그대로 스케치했다."

필자는 건축공학을 전공한 엔지니어이다. 건설회사에서 근무할 때 중국의 3대 대도시 중 하나인 광저우시(광동성 성도)에 대형 TV 패널을 생산하는 공장을 지으러 해외 근무를 하게 되었다.

2년여를 광저우에 머무는 동안 휴일이면 집에 틀어박혀 있고 싶지 않아 체류 초기부터 무작정 밖으로 뛰쳐나갔다. 한국을 떠나 중국에서 지내는 귀중한 시간을 허투루 보내기는 정말 싫었기 때문이다. 언어장벽에도 불구하고 현지인들처럼 지하철·버스·택시·고속철도를 타고, 때로는 걸으면서 여행을 시작하였다. 낯선 장소에서 낯선 사람들과 직접 부딪으며 여행하는 방식은 많은 경험과 성장, 새로운 관점과 인간관계를 만들어주었다.

중국 광동성 광저우 현장으로 발령을 받고 설레는 마음을 감출 수가 없었다. 해외 현장 근무는 처음이었기에 그러하였다. 인천공항에서 백운공항까지의 비행시간은 약 3시간 30분이며 시차는 정확하게 광저우가 1시간이 느리다. 광저우에 가면 1시간이 젊어지는 셈이다.

광저우는 매우 무덥고 습도가 높은 지역이라고 익히 알고 있었다. 여름은 평균기온 30℃로서 체감온도는 이보다 훨씬 높았다. 땀이 금방 솟고 끈적한 느낌이 하루 종일 지속되는 곳이다. 백운공항에 도착하여 공항 대기실을 빠져나와 택시를 타려고 밖으로 나왔을 때의 첫 느낌을 잊을 수 없다. 숨이 '컥' 하고 막히면서 호흡이 매우 불편하였다. 타는 듯하면서도 찌는 듯한 더위가 나를 기다리고 있었으며 아열대기후에서 자라는 야자

수 등의 열대식물이 반겨주었다.

광저우에서의 첫 여행은 바이두(百度)라는 앱을 활용하여 쉽게 접근할 수 있는 지하철을 이용하였고 잘 알려진 명소 위주로 가 보았다.

처음 방문했던 여행지는 광저우역 근처에 있는, 카피 제품이 모여 있는 세계 최대 규모의 모조품 시장 '짠시루(站西路)'였다. 짠시루에는 듣던 대로, 예상했던 대로 없는 물건 빼고 전부 있었다. 어떻게 이렇게 정교하게 모방했는지, 구분할 수 없을 정도로 진품과 거의 흡사했다. 광저우 지하철 노선은 거미줄처럼 사방으로 연결되어 있었으며 청결하였다. 지하철을 타고 광저우역에 내려 짠시루로 이동하는 길은 그야말로 입추의 여지가 없는 인산인해였다. 그렇게 많은 사람은 난생처음 보았다. 사람들의 행렬에 떠밀려서 이동하였다. 평상시에도 이렇게 사람들이 붐비는 광저우역인데 춘절 기간에는 말도 못 할 정도로 인파로 가득하다고 한다.

여행지는 인터넷으로 널리 알려진 곳뿐만 아니라 현지인들이 자주 간다는 덜 알려진 곳을 회사에 근무하는 중국 사람들에게 물어 찾아다녔다. "호젓한 철길을 볼 수 있고, 걸어볼 수 있는 장소가 어딥니까?", "아주 조용하고 자연이 그대로 보존되고 트레킹하기 좋은 곳은 어딘가요?", "광동성의 고유 음식을 맛볼 수 있는 장소는 어디에 있나요?", "광저우의 핫플레이스는 어딘가요?", "광저우의 젊음이 살아 있는 곳은 어딘가요?", "광저우의 역사를 한눈에 볼 수 있는 곳은 어딘가요?" 이렇게 질문하면서 주소와 교통편 정보를 받아 나름대로 여행 방식을 만들어 돌아다녔다.

머릿속 추억만으로도 좋지만, 현지에서 직접 몸으로 부딪치며 여행했던 광저우의 모습을 여기에 스케치로 남겨본다.

저자 가을 나그네 이병수

우리의 일상도 작은 여행처럼

여행은 마음을 가볍게 하고, 시선을 부드럽게 바꾼다.

이 책은 그저 낯선 도시를 돌아다닌 기록이 아니다. 시간 속에서 소중한 순간들을 천천히 채집한 작은 이야기들이다. 저자는 광저우의 도심 거리와 골목길을 천천히 걸으며, 늘 바쁘게 흘러가던 일상에 작은 쉼표를 찍었다. 그의 발걸음은 계획이 없었지만, 만나는 풍경과 사람들은 늘 뜻밖의 선물이었다.

아열대의 더운 공기 속에서 느릿하게 흐르는 시간, 현지인들의 따뜻한 미소, 오래된 철길에서 들려오던 바람 소리 그리고 그 순간들을 담아두려는 저자의 눈길이 이 책 곳곳에 깃들어 있다.

그리 특별할 것 없는 일상처럼 보이지만, 이 책의 문장들은 부드럽게 우리 마음을 어루만진다. 지금 이 순간을 천천히 바라보는 일의 소중함을 일깨우며, 바쁜 삶 속에서도 잠시 멈춰 쉬어가길 권한다.

한 페이지, 한 페이지를 넘길 때마다 광저우의 풍경이 눈앞에 펼쳐지고, 그 안에서 저자의 따뜻한 시선이 고스란히 전해져 온다.

읽다 보면 문득, 우리의 일상도 작은 여행처럼 느껴질 것이다. 익숙하지만 새로운 순간들로 가득한, 그런 여행 말이다.

강원문인협회 회장 이연희 시인

숨은 골목에서 피어나는 삶의 향기

광저우 거리에는 익숙한 풍경과 더불어 잘 보이지 않는, 그러나 그곳에서 살아가는 사람들에게는 너무나도 소중한 장소들이 존재합니다. 이 책은 바로 그러한 공간들을 찾아내어, 감성과 따뜻한 시선으로 담아낸 특별한 여행 기록입니다.

저자는 유명 관광지가 아니어도 그곳을 등에 기대어 살아가는 사람들의 이야기가 서린 작은 카페, 오래된 골목의 소박한 풍경들을 스케치와 글로 기록합니다. 책장을 넘길 때마다 마치 광저우의 어느 구석을 직접 거닐고 있는 듯한 기분이 들 것입니다.

이 책이 주는 가장 큰 의미는 여행 정보서가 아니라, 한 도시의 온기를 고스란히 담은 예술적 기록이라는 점에 있습니다. 독자들은 여행자의 시선에 현지인의 감각을 더하여 광저우를 새롭게 마주할 기회를 얻게 될 것입니다.

아름다운 그림과 따뜻한 이야기가 함께하는 이 책을 기쁜 마음으로 추천합니다. 여행을 사랑하는 이들, 그리고 삶의 소소한 순간들을 소중히 여기는 모든 독자에게 깊은 울림을 줄 것입니다.

한국문인협회 이복재 시인

광저우 소개

베이징(北京)

광저우(广州)

중국 내 베이징과 광저우 위치

광저우시(广州市)

중국의 남쪽 광동성(广东省, 광둥성)의 광저우시(广州市)는 진 왕조(기원전 221~206년) 시대, 중국 남부 주강(珠江) 유역에 처음 자리 잡은 도시이다.

마천루의 스카이라인이 아름다운 광저우에는 긴 역사만큼 오래된 건축물도 많아 고풍스러운 분위기를 자아내며, 거대한 공원과 아름답고 현대적인 대형 쇼핑센터가 즐비하다. 경제와 상업이 발달하여 무역과 금융, 관광산업이 호황이며 다른 도시의 경제적 본보기이자 넘치는 에너지와 현대적인 감각을 볼 수 있는 곳이다.

오랜 역사와 문화의 도시

오랜 역사를 가진 광저우에는 청나라 시대의 건축물, 사원, 박물관 등 다양한 문화유산이 있다.

광동 요리가 유명한 도시

광저우는 중국 남방 지역에서 유명한 광동 요리의 본고장이다. 딤섬, 차슈, 완탕면 등 다양한 음식이 있다.

현대적인 감각의 도시

광저우는 현대적인 도시로서의 매력이 매우 크다. 광저우 타워를 비롯한 고층 빌딩과 현대적인 쇼핑몰 등이 즐비하다.

아름다운 자연과 공원이 갖춰진 도시

광저우에는 백운산이나 월수공원 같은 아름다운 공원과 자연경관이 많아서 자연 속 휴식을 즐길 수 있다.

从化区
종화구/충화구

花都区
화도구/화두구

白云区
백운구/바이윈구

增城区
증성구/쩡청구

黄埔区
황포구/황푸구

天河区
천하구/톈허구

越秀区
월수구/웨슈구

海珠区
해주구/하이주구

荔湾区
여만구/리완구

番禺区
번우구/판위구

南沙区
남사구/난사구

광저우시 지도

차례

1부

광저우의 랜드마크와
도심 핫플레이스

01

늘 입추의 여지가 없는 곳
광저우역 广州站

베이징, 상하이 다음으로 큰 광저우는 중국 3대 대
도시 중 하나이다. 중국 남부에 위치하고 있으며 중
국 내 1인당 GDP가 가장 높은 도시이기도 하다. 경
제력이 월등한 만큼 광동성 인근의 다른 성(省)에서
도 많은 사람들이 일자리를 찾기 위해 광저우시로
몰려들고 있는데, 그 관문이 이곳 광저우역이다. 광
저우 남역(南站)은 고속철도 역이고, 광저우 동역(東
站)은 홍콩으로 가는 기차가 출발하는 곳이다. 광저
우역은 2018년 11월 24일에 중국 20세기건축유산목
록으로 지정되었다.

주   소 광저우시 월수구 환시서로 159호
(广州市越秀区环市西路159号)
교통편 광저우 지하철 2호선, 5호선 → 광저우 기차역
(广州地铁 2号线, 5号线 → 广州火车站)

여름비 내리던 날

여름비가 촉촉하게 내리는 싱그러운 어느 날 광저우역을 가 보았다.
이른 시간부터 역을 이용하는 인파로 붐볐다.
역 광장 주변으로 분주하게, 저마다 수많은 사연들을 가지고, 각자의 목적을 위해,
긴 자동화 라인의 기계처럼 행렬들이 움직이고 있었다.

광저우역 광장에서 저마다의 목적지를 향해 이동하는 사람들

광저우의 핵심 허브, 광저우역

광저우역은 대형 대기실과 여러 층의 구조가 인상적인, 미래 지향적 건축물이다. 주로 유리와 금속을 사용한 현대적이고 세련된 디자인과 외부로 면한 큰 창문과 천장의 구조가 자연 채광이 잘되는 밝고 쾌적한 역사(驛舍)를 만든다.

이곳을 통해 수많은 사람들이 유입되며 도시의 활기와 에너지를 느낄 수 있다.

서쪽에서 바라본 광저우역

힘이 넘치는 광저우역 간판

중국은 어느 역을 가든지 광저우역과 같은 형식의 철제 구조물 간판을 역사 건물 가장 높은 곳에 설치하여 역명을 알리는 것을 볼 수 있다. 한국이 외벽에 LED 전광판을 이용하여 역명을 표시하는 것과는 대조적이다.

역 광장 좌우에는 '조국을 통일하고 중화를 부흥시키자(统一祖国复兴中华, 통일조국 진흥중화)'라는 구호가 붙어 있다.

광저우역 간판

동쪽에서 바라본 광저우역

地址：广州市 沙河
电话：020 - 38

광저우시를 대표하는
화성광장 花城广场

광저우 도시의 심장부에 위치한 현대적이고 활기찬 공간

광저우시의 중심, 천하구(天河区) 화성광장 주위에는 초고층 건축물이 많다. 광동성 박물관과 도서관, 주강공원, 동물원, 광저우 대교, 광저우 타워, 체육센터, 미국총영사관, IFC 빌딩, 오페라하우스, 광저우 아시안게임 주경기장 등 초고층 마천루가 즐비하고 지역 명소들이 모여 있다.

CTF 동탑과 IFC 서탑

광저우 화성광장은 광저우시의 도심 천하구 주강신성중구 주강서로에 있으며, 화성광장 주변에는 주강공원, 도서관, 동물원, 광동성 박물관, 광저우 타워, IFC 빌딩, 오페라하우스, 중국농업은행 등 명소 중의 명소가 다양하게 들어서 있다. 특히 LED 경관 조명으로 야경이 정말 화려하고 아름다운 도심 지역이다.

주   소 광저우시 천하구 주강신성중구 주강서로 15호
(广州市天河区珠江新城中区珠江西路15号)
교통편 광저우 지하철 5호선 → 주강신성역
(广州地铁5号线 → 珠江新城站)

특히 CTF 동탑, IFC 서탑 빌딩은 각각 111층·103층으로 높이가 약 500m에 달하여 현기증이 날 정도로 높고 외관이 빼어나다.

이곳은 광저우시에서 야경이 가장 멋진 곳으로, 밤이면 수많은 외국인 관광객들이 모여든다. 건물마다 제각각 독특한 LED 경관조명을 뽐내고 있는데 상하이시와 베이징시의 야경과 견줄 만하기로 유명하다. 경관조명은 중국 정부에서도 적극 권장하는 도시미관사업 중 하나이다.

CTF 동탑

IFC 서탑

광저우 타워

광저우 위안 빌딩

광저우 아시안게임 주경기장

광동성 박물관

광저우 오페라하우스

음양각의 조화가 절묘한 광동성 박물관

화성광장 가까이에 있는 광동성 박물관은 국립박물관이다. 1959년에 설립되어 2010년 현재의 신관으로 이전하였으며 다양한 상설 전시회가 열리고 있다. 광저우 타워, 오페라하우스 등과 함께 도시 중심부에 위치하여 관광객에게 다양한 경험을 제공하기도 한다. 광저우를 방문하면 반드시 둘러볼 장소이다.

광동성 박물관(广东省博物馆)

주　소　광저우시 천하구 주강동로 2호
(广州市天河区珠江东路2号)

교통편　APM선 → 대극원역
(APM线 → 大剧院站)

광동성 박물관 정면

광동성 박물관은 현대적인 포스트모던 스타일로 디자인되었으며 '보물상자'라는 이미지 콘셉트로 건립되었다. 외관에 여러 개의 직사각형 조합으로 음양각을 만들어 독특한 느낌을 주며, 건물 전체가 지면에서 떠 있는 듯한 구조로 설계되었다. 광동 지역의 문화, 역사, 예술, 자연사, 민속공예 등을 전시하는 대형 공간이다.

직사각형 음양각이 조화를 이룬 광동성 박물관의 독특한 외관

광저우의 도시경관과 잘 어우러지는 중국농업은행

화성광장에 자리 잡은 중국농업은행(광동성분행)은 1951년에 지어진 건물이다. 모던한 스타일의 주변 건물들에 비해 이 광동성 농업은행 건물은 유럽풍으로 지어져 차별화된 느낌을 준다.

광저우시 화성광장에 자리 잡은 농업은행 건물

중국농업은행(中国农业银行, 广东省分行)

주　소 광저우시 천하구 주강동로 425호
(广州市天河区珠江东路425号)

교통편 APM선 → 후아센터역
(APM线 → 妇儿中心站)

CTF 동탑: 광저우 CTF(Chow Tai Fook) 금융센터

광저우 주강신성(珠江新城)의 중심업무지구(CBD) 한복판에 있는 빌딩이다. 높이 530m로, 본관 7층부터 66층 사이에는 사무공간이, 68층부터 91층에는 홍콩의 로즈우드 레지던스(아파트)가, 93층부터 108층에는 로즈우드 호텔이 들어서 있다.

IFC 서탑: 광저우 국제금융센터(International Finance Center)

'웨스트 타워'라고도 불리는 IFC 서탑은 2010년에 완공되었고, 높이는 437.5m, 층수는 약 103층에 달한다. 사무실, 상업시설 등으로 사용되며 상층부는 포시즌스 호텔이 들어서 있다.

CTF 동탑(CTF东塔)

주　소　광저우시 천하구 주강동로 6호
(广州市天河区珠江东路6号)
교통편　광저우 지하철 3호선, 5호선 → 주강신성역
(广州地铁 3号线, 5号线 → 珠江新城站)

IFC 서탑(IFC西塔)

주　소　광저우시 천하구 주강서로 5호
(广州市天河区珠江西路5号)
교통편　광저우 지하철 3호선, 5호선 → 주강신성역
(广州地铁 3号线, 5号线 → 珠江新城站)

CTF 동탑, 광저우 타워, IFC 서탑

광저우의 문화 중심지, 광저우 도서관

광저우시의 대형 공공도서관으로 2013
년 개관하였다. 건축물 외관에 두꺼운
책을 겹겹이 쌓아놓은 듯한 형상이 특징
이며, 북쪽에 있는 10층의 북타워와 남
쪽에 있는 8층의 남타워 사이는 구름다
리로 연결되어 있다.

광저우 도서관(广州图书馆)

주　소 광저우시 천하구 주강동로 4호
(广州市天河区珠江东路4号)
교통편 APM선 → 대극원역
(APM线 → 大剧院站)

광저우 도서관

광저우 아시안게임이 열렸던 장소

화성광장 근처 주강(珠江) 지류에 건설된 인공섬인 해심사광장은 2010년 광저우 아시안게임의 화려한 개막식과 폐막식이 열린 장소이다. 야간에는 주강, 광저우 타워와 함께 어우러져 멋진 야경을 감상할 수 있는 곳이다.

 해심사 아시안게임 공원(海心沙亚运公园)
주　소 광저우시 천하구 주강신성 체육동로 1호
(广州市天河区珠江新城体育东路1号)
교통편 APM선 → 해심사역(APM线 → 海心沙站)

해심사광장에 있는 광저우 아시안게임 주경기장

03

광저우의 명물
오페라하우스 广州大剧院

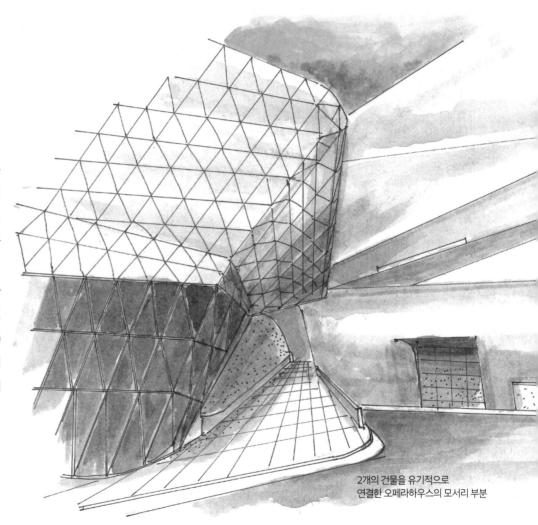

1,800석 규모의 관람석을 가진 광저우 오페라
하우스는 상하이 대극장, 베이징 국립공연예
술센터와 함께 광저우에 위치한 중국 최고의
공연 예술 극장 중 하나이다. 광저우 남부 주강
옆 비즈니스 지구인 주강신성에 있다.

2개의 조약돌을 콘셉트로 유기적인 연결성을
보여주는 광저우 오페라하우스는 이라크 출신
의 영국인 건축가 자하 하디드(Zaha Hadid)
가 설계하였다. 하디드는 건축계의 아카데미
상이라는 '프리츠커 건축상'을 수상한 최초의
여성 건축가이다.

주　소 광저우시 천하구 주강서로 1호
(广州市天河区珠江西路1号)
교통편 APM선 → 대극원역
(APM线 → 大剧院站)

2개의 건물을 유기적으로
연결한 오페라하우스의 모서리 부분

오페라하우스의 건설

광저우 오페라하우스를 건설할 당시 많은 어려움이 있었다고 한다.
외관의 조형미를 살리기 위하여 크고 작은 시행착오를 겪어야 했으며 재시공을 하는 일
도 다반사였다. 접합부가 여러 각도에서 정밀 가공으로 연결되는 밑작업 후에야 다음
공정으로 이어졌고, 이러한 건설 과정에 각종 기계 장비와 수많은 인력이 소요되었다.

오페라하우스 건설 과정의 모습

유기적 디자인의 걸작품

오페라하우스는 '조약돌'을 모티브로 설계되었지만 또 다른 방향에서 바라본 건물은 대형 크루즈가 바다에 떠 있는 모습 같기도 하다. 건축가 자하 하디드는 이 오페라하우스를 자연의 곡선과 흐름을 반영한 유기적인 디자인으로 설계하였다. 마치 강가의 돌처럼 부드러운 곡선을 이루고 있는 유려한 외관이 이 건축물의 특징이다.

오페라하우스의 독특한 외관

다양한 각도에서 바라본 광저우 오페라하우스의 모습

절묘한 스카이라인

3D 모델링과 컴퓨터 시뮬레이션 등 첨단 건축 기술을 활용하여 구현한
복잡한 곡면 구조의 오페라하우스는 광저우 타워 등의 주변 마천루와 함
께 절묘한 스카이라인을 만든다.

오페라하우스 옆에 보이는 광저우 타워

초고층 빌딩과 어우러지는 오페라하우스 외관

04

광저우의 움직이는 심장
광저우 타워 广州塔

'광저우시' 하면 떠오르는 것 중 하나가 광저우 타워
(广州塔, Canton Tower)이다.

광저우 타워는 2010년 광저우 아시안게임 개막일에
맞춰 완공한 높이 604m의 건물이다. 높이 450m의
전망대가 있으며 본체와 안테나부로 구분되어 있고,
방송 전파의 기능이 있다.

타원형 원기둥이 꽈배기처럼 뒤틀린 독특한 외관은
7,000여 개의 LED 조명등으로 화려하게 장식되어
있다. 총천연색의 장식 조명등은 어느 방향에서나
멋진 경관을 만끽할 수 있게 한다.

 주   소 **광저우시 해주구 열강서로 222호**
(广州市海珠区阅江西路222号)
교통편 **광저우 지하철 3호선, APM선 → 광저우타워역**
(广州地铁3号线, APM线 → 广州塔站)

낮에 본 광저우 타워

세계에서 두 번째로 높은 전망 타워

광저우시는 중국에서 세 번째로 큰 도시이자 화남 지방 최대의 무역도시이다. 이런 광저우의 랜드마크 중 가장 유명한 것이 바로 광저우 타워이다.

광저우의 과거 명칭인 'Canton'에서 유래하여 '캔턴 타워'라고도 부른다. 중국에서 가장 높은 TV 송신탑이다. 광저우 타워에는 스카이워크와 마천륜이라는 버블 트램(Bubble Tram)이 있어, 이 트램을 타고 트랙을 따라 한 바퀴 돌면 광저우 시내를 한눈에 둘러볼 수 있다.

광저우 타워는 특히 야경이 절경을 이룬다. 수천 개의 LED 조명으로 밤이 되면 화려한 야경을 즐길 수 있다. 주변에 어둠이 내리면 더욱 빛을 발한다.

조명이 들어온 광저우 타워

낮보다 밤이 더욱 아름다운 도시, 광저우

어둠이 내리면 자동 타이머 스위치가 작동하면서 서서히 타워의 빛이 살아난다. 무뚝뚝한 물체에 생명을 불어넣은 듯 건물은 무지갯빛으로 타오른다.

아름답고 화려하다. 한마디로 탄성을 자아낸다. 장관이다. 광저우 여행을 하면 빼놓을 수 없는 핫플레이스가 바로 이곳이다. 광저우 타워를 배경으로 곳곳에서 카메라 셔터가 터진다. 광저우 타워 주변에서는 저마다 행복에 겨운 즐거운 웃음소리뿐이다.

광저우 타워를 배경으로 연신 카메라 셔터를 눌러대는 관광객들

광저우 타워 선착장

중국 광동성 주강에는 선착장이 여럿 있는데 이곳은 광저우 타워로 연결되는 광저우 타워 선착장이다. 주강에서 배를 타고 내리면 곧바로 광저우 타워의 야경을 감상할 수 있다.

선착장에서 유람선을 타면 유유자적하게 광저우시의 화려한 야경을 볼 수 있다. 선선한 강바람을 맞으며 미끄러지는 뱃머리에서 바라보는 주강 곁의 광저우시 도심은 너무나도 아름답다.

광저우 타워 선착장 입구

05

휴식과 쇼핑, 이벤트의 중심지
광저우 베이징루 广州北京路

광저우에 북경거리가 있다고? 북경거리는 수도인 북경에 있지 않을까?
그런데 광저우에는 정말 북경거리가 있다. 바로 '광저우 베이징루'이다.
젊은이들의 패션과 각종 음식문화가 있는 이곳 베이징루는 서울 도심의
명동 거리와 흡사한 곳이다. 지나다니는 많은 사람들과 옷깃 스쳐 가며 걸
어 다녀야 하지만 그럼에도 설렘과 행복이 있는 곳이다.

주　소 광저우시 월수구 북경가도 북경로
(广州市越秀区北京街道北京路)
교통편 광저우 지하철 2호선 → 공원전역, 광저우 지하철 6호선 → 북경로역
(广州地铁2号线 → 公园前站, 广州地铁6号线 → 北京路站)

수많은 인파에 의해
떠밀려 다니는 휴일의 베이징루

베이징루로 가는 길

광저우 지하철 2호선 공원전역 또는 6호선을 타고 북경로
역 B출구를 빠져나오면 이 거리를 만날 수 있다. '베이징루
문화관광거리'라는 문구가 쓰인 건물이 있으며, 실제 베이
징의 거리 풍경과는 다르지만 비슷한 느낌을 주는 건물이 많은
곳이다.

베이징루 거리의 모습

베이징루 입구에 들어서면 반겨주는 회색 고벽돌로 된 조형물

'베이징루'라는 글자와 함께 오성홍기 5개가 높이 게양된 베이징루 입구

광저우의 다양한 음식을 맛볼 수 있는 곳

이곳 베이징루는 광저우시에서 유명한 상업 스트리트몰이자, 광저우의 독특한 음식을 맛볼 수 있는 대표적인 거리이다. 중국 남부인 영남(嶺南, 링난) 지방이다 보니 다양한 광동 음식을 맛볼 수 있다.

베이징루 음식 거리

송나라, 명나라, 청나라 시대의 유적이 유리로 덮여 있는 곳

베이징루는 구도심을 신도시로 과감히 개발하는 과정에서 송나라와 명나라 시대의 많은 유물을 발굴했는데, 이 유물들을 누구나 감상할 수 있도록 길거리 주변에 강화유리로 만든 유물전시관을 만들어 전시해 놓았다.

휴일이면 많은 관광객들로 떠밀려서 이동하다 보니 자세히 관찰하기는 힘들지만, 옛 유물들을 정성 들여 보관해 놓은 것은 본받을 만하다.

베이징루 유물전시관

千年古楼遺址

아열대 식물 화분이 있는 베이징루 뒷골목의 풍경

옛 모습의 뒷골목 풍경

베이징루의 뒷골목은 광저우 시민들의 삶이 녹아 있
는 공간이며, 그들이 살아가는 일상과 문화를 체험할
수 있는 특별한 장소이다. 관광지를 둘러보다가 우연
히 이곳을 방문한다면 광저우의 진정한 매력을 발견
할 수 있을 것이다.

베이징루를 가는 도중에 만난 뒷골목 풍경은 번화한
큰길가와는 사뭇 다른 모습이다. 도시를 개발하고 현
대화하면서도 옛 모습을 오롯이 보존하는 것은 배울
만하다.

붉은 벽돌 담장과 복잡한 전선줄이 걸려 있는 베이징루의 어느 골목 풍경

43

06

광저우 천주교의 성지

석실성심대교당 石室圣心大教堂

석실성심대교당은 파리의 노트르담 대성당을 연상시키는, 아시아에서 가장 큰 고딕 양식의 화강암 건축물이다. 첨탑까지의 높이는 약 58m에 달한다. 프랑스 건축사가 설계하였고 중국의 석공 장인들이 축조하였다. 25년의 공사 기간을 거쳐 1888년에 건립된 석실성심대교당은 광저우 총교구 주교좌당이며 영어, 광동어, 중국어, 한국어로 미사를 집전한다.

주　소　광저우시 월수구 구부전 56호
(广州市越秀区旧部前56号)
교통편　광저우 지하철 2호선 → 해주광장역, 광저우 지하철 6호선 → 일덕로역
(广州地铁2号线 → 海珠广场站, 广州地铁6号线 → 一德路站)

2개의 뾰족한 첨탑이 보이는
석실성심대교당 입구

영적 위안과 평안을 찾는 고딕 양식 대성당

고딕 양식의 성당은 중세 유럽의 건축 기술과 예술의 절정을 보여준다. 첨탑은 하늘을 향해 솟아오른 모양으로, 마치 하느님과의 연결을 상징하는 듯하다. 이곳에서 미사를 드리며 신자들은 영적 위안과 평안을 찾고 하느님과의 깊은 교감을 나눈다.

웅장한 고딕 건축양식의 석실성심대교당

오랜 역사가 숨 쉬고 있는 곳

석실성당 한쪽에 있는 부속실 또한 이 건물의 거룩함과 온유함 그리고 오랜 역사를 말해주고 있다.

전해 내려오는 얘기로 석실성심대교당을 지을 당시 외방전교회의 질만 (Guillmin Philippe Zhepirin) 주교가 1863년 이스라엘 예루살렘과 이탈리아 로마에서 흙을 1kg씩 가져와 합토 (合土)하여 이 성당을 본격적으로 짓기 시작했다고 한다.

그것을 상징하기 위하여 동쪽 벽면에는 '1863 예루살렘', 서쪽 벽면에는 '1863 로마'라는 글자를 음각으로 새겨놓았다.

석실성심대교당 부속실

정교한 고딕 양식이 눈부시다

2개의 뾰족한 첨탑이 특징인 광저우 석실성심대교당은 프랑스 고딕 양식의 진수를 볼 수 있는 성당으로, 외부 벽체는 화강석으로 마감하였고, 내부는 아름답고 화려한 스테인드글라스 창문과 장식으로 꾸며졌다. 유럽의 아름다운 고딕 양식 성당을 그대로 옮겨놓은 듯한 이곳은 광저우를 방문하면 꼭 보아야 하는 필수 관광지이다.

고딕 양식이 잘 드러나는 석실성심대교당의 뾰족한 첨탑

07
대형 완구도매시장이 있는 곳
이더루 一德路

광저우에 가방이나 신발·시계 등, 그것도 이른 바 '짝퉁'을 주로 판매하는 도매시장으로 '짠시루'가 있다면 장난감 및 잡화 도매시장으로는 이더루가 있다. 이곳은 판매하는 품목도 워낙 다양하다. 이더루에는 많은 상가가 있지만 그 중에서도 완린광장(万菱广场)이 대표적인 상가이다. 이더루에 오면 꼭 들러 인증 사진을 찍는 곳이다.

주　소 광저우시 월수구 일덕로
(广州市越秀区一德路)
교통편 광저우 지하철 6호선 → 일덕로역
(广州地铁6号线 → 一德路站)

광저우 이더루에 있는 완린광장

쇼핑의 피로를 달래는 장소

광저우 이더루에 오면 장난감 쇼핑
을 한 후 커피숍에서 잠시 쉬어 간다.
손님마다 대형 쇼핑백을 들고, 안고,
메고 삼삼오오 앉아서 즐거운 시간을
보낸다.

광저우 이더루에 있는 커피숍

완구, 잡화는 없는 것이 없다

이더루는 워낙 규모가 크다 보니 하루 종일 돌아다녀도 수박 겉핥기식으로 볼 수 있을 뿐, 쇼핑다운 쇼핑은 불가능할 정도이다. 전 세계의 인기 있는 캐릭터나 완구들이 없는 거 빼고 다 있다고 할 정도이며, 가격에 비해 품질이 우수하여 가성비 좋기로 소문 난 곳이다.

쌓아 놓을 공간이 없을 정도로 가득 찬 잡화 가게

쇼핑하다가 잠시 엿본 뒷골목

광저우 도시의 뒷골목은 마치 시간이 멈
춘 듯한 평온함을 주며, 그 속에서 사람들
의 따뜻한 정과 삶의 이야기가 함께 어우
러져 그윽한 느낌을 준다.

이더루의 평온한 뒷골목 풍경

08

진(陳)씨 가문의 자존심
진가사 陈家祠

진가사는 명나라 시대 광동성 지역에서 큰 영향력을 끼쳤던 중국의 10대 성씨 중 하나인 진씨 가문의 사당이자 사원이다. 나무와 각종 돌로 만든 조각이 정교하고 아름답게 장식되어 있다. 청나라 시기인 1890년에 착공해 1894년에 완공하였으며(총 건립기간 5년), 지금은 지어진 지 1세기를 훌쩍 넘겼다. 청나라 말기의 전형적인 영남식 건축양식(링난 양식)을 가진 화려한 건물로, 이 건물 가운데에는 '취현당(聚賢堂)'이라는 곳이 있다. 취현당은 '현명한 의견을 모으는 곳'이라는 의미인데 진씨 문중의 가풍을 짐작할 수 있게 한다.

주   소 광저우시 여만구 중산칠로 은룡리 34호
(广州市荔湾区中山七路恩龙里34号)
교통편 광저우 지하철 1호선 → 진가사역
(广州地铁1号线 → 陈家祠站)

모습은 다르나 의미는 같은 해태상

진가사 입구에는 해태상이 있다. 동아시아 국가에서 해태는 옳고 그름을 판별할 줄 알고 물을 다루는 능력이 있어 화재를 막아주는 동물로 여겼다. 옛 전각, 궁궐들은 화재에 취약했기에 이 해태상을 화재 예방을 위하여 입구에 세웠다고 한다. 중국의 해태는 한국의 것과는 조금 다르게 사자 모습을 하고 있다.

중국의 해태상

화려한 링난 양식

진가사의 링난 양식을 보고 있자면 조각들의 화려한 색채와 정교함에 절로 탄성이 나온다.

링난 양식을 볼 수 있는 진가사 입구

정유재란 때 이순신 장군과 함께 왜구를 물리친 진린 장군도 진씨 가문 출신이다

중국 진씨 가문은 광동성 지역에서 명나라 시기부터 큰 영향력을 끼쳤다. 특히 진린(陳璘) 장군은 임진왜란과 정유재란 때 명나라 수군 제독으로서 조선과 연합하여 일본을 물리치고 큰 공을 세웠으며, 이 시기에 진씨 가문은 광동성에서 중요한 역할을 하였다.

화려한 링난 양식의 진가사 지붕

지붕 위에는 채색된 자기(磁器) 예술 작품들이 빼곡하다

진가사에는 화려하고 정교한 조각품이 수없이 많다. 지붕에는 《삼국지》, 《서유기》 등 이야기 속 인물 형상의 채색된 자기를 올려 장식했다. 건물 내부에는 진씨 가문이 사용했던 집기류가 전시되어 있다. 현재는 광동민간공예관으로 사용되면서 다채로운 민간 공예품도 전시하고 있다.

진가사 지붕을 장식한 조각상들

후대에 그 명성을 떨치다: 古祠流芳

1890년에 짓기 시작하여 1894년에 마무리된 이 건물은 전형적인 청나라 말기의 남방식 건축물이다. 건물은 하나의 예술 작품으로서 어마어마한 화려함을 자랑한다. 광저우 8경 중 하나인 진가사의 정문 입구에는 '古祠流芳(고사유방)' 즉, '후대에 그 명성을 떨치다'라는 글자가 적혀 있다.

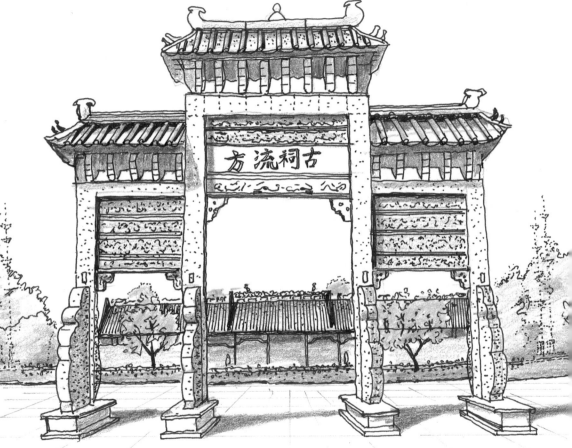

진가사가 위치한 광장

화려함 뒤에 소박함이 있다

진가사의 중앙부를 지나 건
물 안쪽 끝으로 들어가면 아
담한 담장이 있다. 더운 여름
날 잠시 쉬어가는 장소이다.
담장 너머에는 주거시설인
듯한 좀 허술해 보이는 아파
트가 보인다.

진가사 뒤쪽의 담장

09

중국의 작은 유럽
사몐다오 沙面島

광저우의 작은 유럽으로 불리는 사몐다오는
19세기에 영국과 프랑스가 주강을 매립하여
만든 인공섬이다. 청나라 때 난징조약과 톈진
조약에 의해 조계지가 되어 외국인이 거주하
던 치외법권 지역이었다.
현재는 유럽식 건축양식이 그대로 남아 있어
많은 관광객이 찾는 광저우의 필수 관광 코스
이기도 하다. 특히 웨딩 촬영, 화보 촬영 등을
위해 사진작가들이 즐겨 찾는, 광저우의 핫플
레이스이다.

주　소 광저우시 여만구 사면도
(广州市荔湾区沙面島)
교통편 광저우 지하철 1호선, 6호선 → 황사역
(广州地铁1号线, 6号线 → 黄沙站)

옛 추억을 소환하는 사멘다오

어느 날 문득 전철을 타고 사멘다오에 가고 싶다는 생각이 떠올라 무작정 집을 나섰다. 봄비가 하염없이 흩뿌려지던 날이었다. 비를 맞으며 사멘다오 거리를 걸으면서 문득 주마등처럼 떠오르는 옛 추억들을 끌어내자, 깊이 잠겼던 희미한 기억의 편린들이 스쳐 간다.

유럽풍 건물이 자리 잡고 있는 이곳은 형형색색 많은 종류의 화초와 수목이 다양한 색상의 건물과 조화롭게 배치되어 안정감을 준다.

사멘다오의 대표적인 유럽풍 건물

꽃이 담긴 화분이 있는 사멘다오 건물

하절기에 이곳을 찾으면 여지없이 녹음이 짙푸른 나무들이 관광객들에게 시원한 그늘을 아낌없이 제공한다.

건물보다 높은 열대 나무

웨딩 사진과 화보를 촬영하기에 최적인 장소

사몐다오라는 이 작은 섬은 인근에 있는 주강에서 밀려들어 온 토사가 긴 세월 동안 퇴적되어 만들어진 인공 섬이다. 섬의 규모는 가로세로 약 900m×300m이며 전체 면적이 81,000여 평 정도로 작다.

이곳에는 영국과 프랑스의 건축양식을 반영한 건물이 많다. 고풍스럽고 아름다운 외관을 자랑하는 건물들이 들어선 거리를 돌아다니면 마치 유럽의 어느 도시를 걷는 듯한 느낌을 받을 것이다.

예전에 이곳이 프랑스와 영국의 조계지가 되면서 각국의 영사관, 교회, 성당, 은행 등이 지어졌으며, 파스텔 톤과 유럽식 건축양식의 외관이 화려한 건축물이 많아서 사진 촬영에 관심 있는 사람들이 늘 찾는 장소이다.

고풍스러운 유럽 건축양식

싱그러운 6월의 초록

카키색 건물 앞에 짙은 초록색
의 바니안(banyan)나무가 늘
어져 있다. 이 바니안나무는 뽕
나뭇과의 상록 교목수로 높이
는 30m 정도이고 잎은 달걀 모
양으로 딱딱하며, 꽃과 열매는
무화과나무와 비슷하다. 원산
지는 인도 동부이다.

녹음과 절묘하게 조화되는 카키색 건물

꾸불꾸불 기괴한 모양의 나무가 주는 그늘

사멘다오에 가면 웅장하고 키가 크며 꾸불꾸불한 바니안나무가 무척 많은 것을 볼 수가 있다.

바니안나무가 주는 그늘은 마치 자연이 우리 인간에게 펼쳐주는 거대한 우산처럼 느껴진다. 그 아래에 서면 세상의 모든 근심, 걱정이 사라지는 듯한 평온함을 느낀다. 그늘 속에서 느껴지는 시원한 바람과 잎사귀 사이로 비치는 햇살은 자연이 주는 행복한 선물이다.

바니안나무가 늘어선 거리

영적인 힘과 위로를 얻는 곳

사몐다오에 있는 가톨릭 성당인 사면당을 볼 때마다 내 마음은 경외심으로 가득 차오른다. 하늘 높이 뻗은 첨탑과 정교하게 조각된 석조 벽면은 주님의 높고 위대함을 상징하며, 그 아름다움에 감탄하지 않을 수 없다. 이렇듯 종교 건축물은 성스럽고, 신앙의 공간으로서 우리의 영혼을 울리는 특별한 힘을 가지고 있다.

이 신성한 공간에서 주님과 깊은 교감을 나눌 때 내 신앙심은 더욱 견고해지며, 영적인 힘과 위로를 얻는다.

사몐다오에 있는 가톨릭 성당 사면당(沙面堂)

**천국의 아름다움을 지상에 구현한
세밀한 스테인드글라스가 있는 성당**

사멘다오에 있는 또 다른 가톨릭 성
당은 섬 동쪽에 있는 2개의 교량을 이
용하여 사멘다오로 진입하면 첫째 블
록에서 볼 수 있다. 장엄하고 웅장한
고딕 양식 구조물의 높이 솟아오른
첨탑과 세밀한 스테인드글라스는 천
국의 아름다움을 지상에 구현한 듯하
다. 이 성당에 들어서면 고요함 속에
서 따스한 빛이 스테인드글라스를 통
해 성당 안을 가득 채우고, 영혼은 평
안과 위로로 가득 채워진다.

사멘다오에 있는 또 다른 가톨릭 성당 건물

사몐다오의 바니안나무는 거대한 초록빛
우산처럼 우거진 잎사귀를 펼치며 주변의
민트색 건물과 어우러진다. 바니안나무의 굵은
줄기와 뿌리는 깊은 역사를 품고 있으며, 이러한 고요한
아름다움은 사람이 지은 인공 건축물과 완벽한 조화를 이룬다.

바니안나무와 어울리는 녹색 건물이 있는 거리

인증 사진을 남기려는 이들로 붐비는 곳

사몐다오에 있는 유명 커피숍은 휴일뿐 아니라 평일
에도 입장하려는 대기 줄이 너무도 길어, 방문을 포
기하고 다른 커피숍으로 이동하는 사람들이 부지기
수이다. 인증 사진을 찍기 위해 많은 사람들이 이곳
을 찾는다.

여러 번 가보았는데 매번 줄을 서서 기다려야 하는
불편함은 있지만, 그 과정을 거쳐야 인증 사진을 찍
을 수 있다.

이 세상엔 쉽게 얻을 수 있는 게 없나 보다.

사몐다오에 있는 유명 커피숍

10
동전 모양의 독특한 건물
광저우 위안 빌딩 广州圆大厦

광저우시는 현대 건축 기술의 경연장 같다.
똑같은 모습의 빌딩은 볼 수가 없는데, 이는
그만큼 중국 정부의 노력이 있었다는 뜻이
기도 하다. 건축물 외관심사위원회가 각고의
노력을 기울인 흔적을 곳곳에 있는 건축물을
통해 볼 수 있다.

시내 중심부에 있는 이 동그란 건물의 이름
은 '광저우 위안 빌딩'으로 옛날 동전 모양을
하고 있어 광저우에서도 독특한 건물로 손꼽
힐 정도이다.

주　소 광저우시 여만구 광저우원로 1호
(广州市荔湾区广州圆路1号)
교통편 광저우 지하철 22호선 → 남교역
(广州地铁22号线 → 南漖站)

위안 빌딩 정면

세계 최대의 원형 건물

이 건물은 중국의 에너지·화학 기업 '홍다싱예(鸿达兴业)'의 사옥으로, 원반 모양의 황금 동전을 상징하고 있다. 이탈리아 건축가 조세프 디 파스콸레(Joseph di Pasquale)가 설계하여 2013년 12월에 완공한 최고 높이 138m, 33층 규모의 건물이다. 이 건물을 건설하던 초기에는 '동전', '엽전'을 닮았다고 하여 '엽전빌딩'으로 불렸다고 한다. 그러다 준공에 임박하여 이름을 공모한 결과 '광저우 위안 빌딩'이란 이름을 갖게 되었다.

"행운을 불러온다는 건물.
　나는 황금 동전인 줄 알았다."

측면에서 바라본 위안 빌딩

공간을 자유자재로 형상화한 웅장한 조각품

광둥성 광저우시에 다녀왔다면 이 빌딩에 직접
가 보거나 도로를 지나가다 본 사람이 많을 것
이다.

그림은 건물 안쪽에서 바깥을 바라본 모습으로,
여러 방향에서 보면 이 건물의 독특한 면을 엿
볼 수 있다.

위안 빌딩의 안쪽 모습

끝없는 순환과 조화를 상징하는 건물을 짓다

공사 중인 광저우 위안 빌딩의 모습이다. 철골
철근콘크리트구조(SRC조)와 양쪽으로 중심부
(코어) 구조물을 배치한 공법으로 지어졌다. 건
설 당시 철골구조물 공정이 진행되면서 건물의
둥근 형상을 두고 주변 많은 사람들의 궁금증을
자아냈다고 한다.

한창 건설 중인 위안 빌딩

11

주강 주변의 쌍둥이 건물
트윈스 빌딩 双子大厦

하늘을 찌를 듯한 자태로 주강 강가에 자리 잡은 트윈스 빌딩은 현대적인 디자인과 혁신적인 건축 기술이 접목된 유명한 건물이다. 이 빌딩은 2개의 고층 타워로 구성되었고, 각 타워의 수직선을 강조한 디자인은 도시의 하늘 풍경을 더욱 돋보이게 한다.

트윈스 빌딩은 2025년 1월에 준공되었으며 아직 건물명이 결정되지 않은 상태이다.

이곳에는 중국생명보험사와 CGB은행 본사가 입점한다.

주　소 광저우시 천하구 국제금융성기보구
(广州市天河区国际金融城起步区)
교통편 광저우 지하철 5호선 → 과운로역
(广州地铁5号线 → 科韵路站)

건설 중인 트윈스 빌딩

주강 옆에 자리 잡은 트윈스 빌딩 건너편으로
광저우 타워가 보인다.

강가에서 보이는 트윈스 빌딩과 광저우 타워

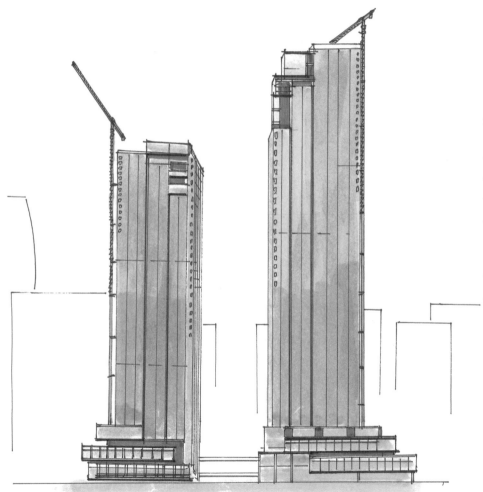

광저우 스카이라인을 형성하다

트윈스 빌딩은 광저우의 스카이라인을 형성하는 주요 건축물 중 하나이다. 건물은 현대적이고 심플한 건축 디자인으로 유명하며, 4개의 외면을 모두 에너지 절감 기능이 있는 유리로 마감하였다. 유리와 금속을 사용한 외관 디자인 덕에 어둠이 깔리는 밤에는 조명이 더욱 아름답게 빛난다.

트윈스 빌딩의 건설 당시 모습

두 건물을 연결하여 소통하다

트윈스 빌딩은 동과 동 사이에 연결 다리를 설치하여 동 간 접근성을 높이고, 관망대를 설치하여 도시를 한눈에 내려다볼 수 있도록 설계했다.

다리로 연결된 트윈스 빌딩

12

세계 최대 규모의 모조품 시장

짠시루 站西路

광저우시에 있는 '짠시루'는 세계적으로 유명한 '명품'의 디자인을 베낀 소위 '짝퉁' 제품을 생산하는 곳으로 유명하다. 이 시장에서는 연간 엄청난 규모의 가품이 거래된다. 원래 광저우역의 서측 면에 위치한 도로 이름이었던 짠시루는 현재 중국의 대표적인 가품 시장의 이름이 되었다.

주　　소　광저우시 월수구 참서로
(广州市越秀区站西路)

교통편　광저우 지하철 2호선, 5호선 → 광저우 기차역
(广州地铁 2号线, 5号线 → 广州火车站)

짠시루의 안내 푯말

카피 제품의 천국

짠시루에서 파는 제품은 과거에는 품질이 떨어져서 인식이 안 좋았으나, 최근에는 품질이 개선되어 호평받고 있다. 진품과 구분할 수 없을 정도로 모방하는 기술력이 정교하다. 의류, 시계, 가방, 벨트, 지갑 등 명품의 카피 제품이라면 모두 이곳에 있다. 짠시루에 다녀온 사람들의 의견을 종합해 보면, 전자 제품이나 시계류보다는 의류나 가죽 제품에 만족하는 분위기이다.

짠시루 주변의 아파트

가죽 제품만 거래하는 짠시루의 한 빌딩

진짜와 가짜를 구분할 수 없는 가죽 제품

중국에서 생산되는 가죽 제품은 품질이 뛰어난 것으로 알려졌다. 특히 가죽 핸드백, 지갑, 벨트류 제품의 인기가 높아 세계 여러 나라 사람들이 관광과 쇼핑을 하기 위해 이곳에 들른다.

광저우 백운 피혁제품 무역센터(廣州白雲世界皮具貿易中心)

광저우만의 독특한 문화가 여기에 있다

광저우 짠시루에는 수백 개의 상점이 있고 다양한 상품이 진열되어 있다. 특히 외국인 관광객이 많이 방문하며, 호객 행위도 빈번하다. 제품은 품질이 천차만별이다. 이곳을 단순히 물건을 구입하기 위한 쇼핑 공간이라고 생각하기보다는 광저우의 독특한 문화를 즐기는 체험의 장소로 보는 게 낫다.

짠시루 주변에 있는 상인들의 거주지

79

13
광저우의 코리아타운
웬징루 远景路

광저우시 백운구에 자리 잡고 있는 웬징루
는 광저우시의 코리아타운이자 한국인 거
리이다. 광저우시의 인기 검색어 1위가 짠
시루라면 다음으로는 이곳 웬징루가 손꼽
힌다. 현재 한국인이 가장 많이 거주하고
있는 지역이기도 하다.

주　　소　광저우시 백운구 삼원리대도 원경로
(广州市白云区三元里大道远景路)
교통편　광저우 지하철 2호선 → 비상공원역
(广州地铁2号线 → 飞翔公园站)

한국의 도시를 그대로 옮겨온 듯한 웬징루 한국 음식촌의 거리

한국어 간판이 가득한 웬징루

광저우시 웬징루에는 한국에 있는 모든 것이 갖춰져 있다. 식당과 마사지숍, 중국어 학원, PC방, 노래방, 커피숍, 여행사, 마트, 안경원, 미용실 등 마치 한국의 어느 도시를 방문한 듯할 정도로 낯익은 한국어 간판들이 많다. 또한 음식 맛도 한국에서 먹는 것과 같거나 심지어 더 맛있어서 광저우에 처음 오는 사람들이 반드시 거쳐 가는 곳이 웬징루이다. 예전에 비해 쇠퇴했지만 아직까지 성업하고 있다.

'웬징루한국상업가'라고 적힌 표지석

花苑

社会主义核心价值观

富强 民主 文明 和谐 自由 平等
公正 法治 爱国 敬业 诚信 友善

御12

원징루 부처부상얼기

遠景路韩國商業街

웬징루 입구

광저우를 찾은 한국인들에게 웬징루는 놓칠 수 없는 필수 명소

광저우시에 있는 코리아타운 웬징루는 한국인들이 가장 많이 모여 사는 곳이다. 한식 거리에선 한국에서 먹을 수 있는 모든 음식을 만날 수 있다. 음식값은 한국과 비슷하거나 약간 저렴하다.

웬징루의 한식 거리

14

화남 지방 최고의 대학
국립 중산대학 国立中山大学

중산대학은 화남 최고의 대학으로 꼽히는, 광동성 내에서 가장 유명한
대학이다. 중국 전체 대학 순위에서도 상위권을 차지하는 만큼 학생들
의 실력이 대단히 높다. 중산대학은 중국의 국부(國父)이자 정치가, 혁
명가인 쑨원이 1924년도에 세웠으며, 처음에는 대학 이름을 광동대학
이라 하였으나 나중에는 쑨원을 기리는 의미에서 그의 호인 '중산(中
山)'을 인용하여 '중산대학'으로 바꿨다. 중산대학 캠퍼스는 3개(광저
우 남부, 광저우 동부, 주하이)로 구성되어 있다. 중산대학 정문을 통해
내부로 들어가면 여기가 대학인지 공원인지 알 수 없을 정도로 광활한
면적을 자랑하고 있으나 정문만큼은 소박하다.

 주　소 광저우시 해주구 신항서로 135호
(广州市海珠区新港西路135号)
교통편 광저우 지하철 8호선 → 중대역, 광저우 지하철 4호선 → 객촌역
(广州地铁8号线 → 中大站, 广州地铁4号线 → 客村站)

중산대학 정문

영방당

중산대학 내에 위치한 영방당(永芳堂) 건물은 홍콩에 있는 회사인 남원영방집단공사의 전 회장 요미량이 1990년도에 건립했다. 영방당의 건물 모습은 한 마리 새의 형상이다. 중앙에는 3층 높이의 홀(hall)이 있으며, 그곳으로 들어갈 수 있는 60단의 계단이 있고, 계단 양측에는 근대 중국 선현 18명의 동상이 세워져 있다.

영방당 입구

중산대학 도서관

대형 서적을 펴놓은 모양의 중산대학 도서관은 또 하나의 캠퍼스 내 명소이다. 이 대학의 학구열은 남다르기에 24시간 도서관의 불이 꺼지지 않는다.

중산대학 도서관 전경

중산대학 외국어문학부

중산대학 남부 캠퍼스에 위치한 외국어문학부에는 영어, 프랑스어, 일본어, 독일어, 러시아어까지 총 5개 학과가 개설되어 있다.

아열대 지방에서 잘 자라는 야자나무가 건물 조경수로 심어져 화강석과 타일로 외벽을 마감한 외국어문학부 건물이 한층 더 돋보인다.

중산대학 외국어문학부 캠퍼스

중산대학 의과대학

중산대학 의과대학 건물 중앙에는 쑨원의 동상이 있다.

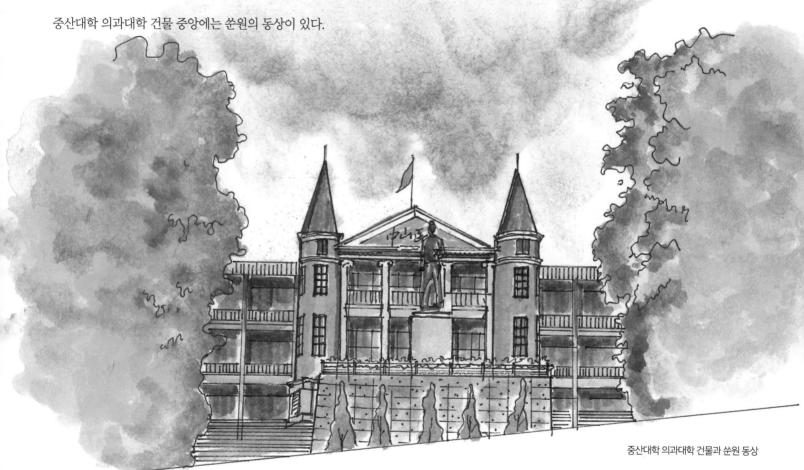

중산대학 의과대학 건물과 쑨원 동상

중산대학의 여러 캠퍼스 중 하나인 광저우 동부 캠퍼스는 주로 과학, 공학, 의학 등의 학문 분야를 중심으로 한 교육과 연구가 이루어지고 있는 곳이다. 이 캠퍼스는 현대적인 시설과 아름다운 자연환경을 자랑하며, 학생들에게 최적의 학습 환경을 제공한다. 또한, 다양한 연구소와 실험실이 있어 학생들은 이곳에서 실질적인 연구 경험을 쌓을 수 있다.

중산대학 광저우 동부 캠퍼스

중산대학 주하이 캠퍼스

주하이(珠海)에 위치한 국립 중산대학 캠퍼스의 모습은 수평선을 강조한 깔끔한 디자인이고 연면적이 넓다.

중산대학 주하이 캠퍼스

독립 운동가, 김성숙·두군혜 기념관 조감도

김성숙(1898~1969)은 평안북도 철산 출신의 한국 독립운동가이다. 호는 운암(云岩)으로 임시정부 시절에 국무위원을 역임했다. 중국 광저우 중산대학 내에 김성숙과 두군혜의 기념관을 설립할 예정이다. 두군혜는 김성숙의 중국인 아내로, 두 사람은 모두 중산대학 출신이며 김성숙은 중산대학에서 정치학을 전공했다.

김성숙·두군혜 기념관 조감도

중산대학 기숙사

광저우는 다습한 아열대 기후가 특징으로 열대 지방에서 자
라는 바니안나무(벵골보리수)를 흔하게 볼 수 있다. 이 나무
는 정원을 덮을 정도로 크게 자라곤 한다. 덕분에 더운 여름
날 시원한 그늘을 제공하여 캠퍼스 내의 학생들과 외부인들
이 나무 밑에서 한가로운 시간을 보낼 수 있다.

기숙사 창을 통해 바라본 풍경

중산대학의 교훈

중산대학의 교훈(博學, 審問, 愼思, 明辨, 篤行)은 사서(四書)
중《중용(中庸)》에 나오는 글이다.

박학(博學)은 두루 혹은 널리 배운다는 것이다.
심문(審問)은 자세히 묻는다는 것이다.
신사(愼思)는 신중하게 생각한다는 것이다.
명변(明辯)은 명백하게 분별한다는 것이다.
독행(篤行)은 진실한 마음으로 성실하게 실천한다는 것이다.

중산대학의 교훈은 우리가 살아
가면서 좌우명으로 새겨도 좋은
글이다.

"넓게 배우고 깊이 질문하며 신중히 생각하고
분명히 말하며 진지하게 행하라."

중산대학 남부 캠퍼스 북문

15

중국 대규모 기업 완다그룹의
뤄강 완다광장 萝岗万达广场

광저우 지하철 6호선 수위안역(苏元站) 주변
에 자리 잡은 완다광장은 중국의 재벌인 완다
그룹(万达集團)에서 조성한 역세권의 쇼핑몰
과 주상 복합 건물이 있는 장소이다. 도심의 다
운타운처럼 쇼핑, 주거, 휴식 등 모든 기반 시
설이 갖춰져 있다.

주　소 광저우시 황포구 연화가도 과풍로 85호
(广州市黄埔区联和街道科丰路85号)
교통편 광저우 지하철 6호선, 21호선 → 소원역
(广州地铁 6号线, 21号线 → 苏元站)

다양한 상업시설 및 복합 기능으로 편리한 접근성을 자랑하다

최고 높이 45층의 주상복합 5개 동과 판매시설로 지어진 뤄강의 완다광장에서 어느 여름의 흐린 날 하늘을 올려다보니 스카이라인이 보이고 먹구름이 짙게 드리워져 있었다.

도시 풍경을 더욱 돋보이게 만드는 완다광장의 건물들

주요 상업시설과 오락시설이
들어선 쇼핑몰 건물

완다광장 가로등

중국의 가로등은 지역마다 특색이 있지만 특히 이 지역의 가로등은
디자인이 빼어나다. 황포구 어디를 가도 아름다운 가로등이 도시를
더욱 빛내준다.

광저우에서만 볼 수 있는
가로등 디자인

퇴근하다가 본 완다광장 서쪽 하늘의 붉은 노을

각 도시마다 완다광장은 랜드마크로 자리매김한다

수위안역 완다광장은 현대적이고 세련된 디자인으로 건축되어 있으며,
도시의 랜드마크로 자리 잡고 있다.
주상 복합 아파트에서 건물 뒤편(북측)을 바라본 모습이다.
멀리 산의 등고선이 완만하게 형성되어 있다.

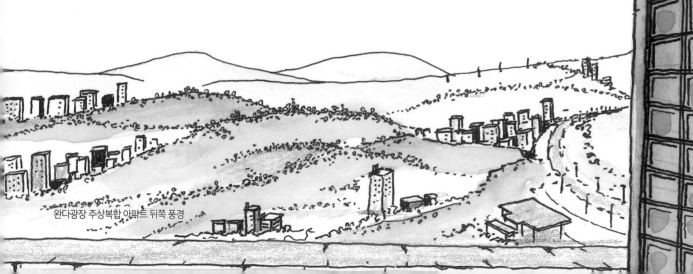

완다광장 주상복합 아파트 뒤쪽 풍경

16

새롭게 도약하는 개발구의
역동적인 건설 현장 充满活力的施工现场

광저우는 지금도 한창 개발 중이다. 특히 광저우시 동남쪽 외곽에 개발구로 지정된 지역에는 '건설 붐'이 가히 폭발적이다.

개발구는 중국의 큰 도시마다 꼭 존재하는 것 같다. '개발구(開發區)'란 구도심은 그대로 놓아둔 채 새롭게 도시를 형성하기 위하여 만든 지역을 말한다. 개발구에서는 새로운 미래의 먹거리를 창출한다. 첨단산업이 융성하고, 많은 인재가 모여들고, 새로운 문화가 생겨나며, 주변의 지가 또한 훨씬 비싸진다.

주　소 광저우시 황포구 개태대도 59호
(广州市黄埔区开泰大道59号)
교통편 광저우 지하철 6호선 → 나강역
(广州地铁6号线 → 萝岗站)

철골공사 현장에는 거대한 크레인이
하늘을 찌를 듯이 솟아 있으며, 철골
구조물이 미래의 거대한 건축물을 완
성하기 위해 조심스럽게 들어 올려지
고 있는 모습을 볼 수 있다. 이 광경은
인간의 창조성과 기술력이 결합된 하
나의 예술작품처럼 보인다.

철골공사를 진행하고 있는 건설 현장의 모습

24시간 중단 없이 가동되는 건설 장비

거대한 크레인이 하늘을 가르며 철골 구조물을 들어 올리고, 수많은 작업자가 분주히 움직이며 각자의 역할을 수행하는 모습이 마치 거대한 오케스트라의 연주처럼 조화를 이룬다. 먼지와 소음 속에서도 질서정연하게 진행되는 공사는 마치 살아 있는 유기체처럼 끊임없이 변화하고 발전해 나가는 것처럼 보인다.

대형 이동식 크레인을 이용한 철골 조립 작업

이곳에서는 대형 TV 모니터를 생산
하는 공장을 짓고 있었다. 가로 약
300m, 세로 약 300m, 높이 약 100m
인 초대형 건축물로, 대형 모니터 패
널을 양산할 수 있는 공장이다.
중국 내 유수 업체들도 건설에 참여
하고 있었지만, 한국 기업이 중국 정
부와 합작으로 지분을 투자하여 밤낮
을 가리지 않고 건립하고 있다.

한국 L사의 대형 모니터 패널 생산공장의 건설 모습

17
광저우시 황포구의
공공건축물 公共建筑物

황포구에는 여러 형태의 공공건축물이 여기저기 들어서 있다. 이곳의
공공건축물은 현대적인 디자인과 전통적인 요소가 조화를 이루는 것
이 특징이다. 외관은 깔끔하고 모던하며, 지역의 문화와 역사를 반영한
전통적인 지붕 형태나 장식을 사용했다. 또한 친환경적이고 지속 가능
한 설계를 채택하여 에너지 효율성을 높이고 환경에 미치는 영향을 최
소화했다. 공공 공간을 확대하여 주민들이 휴식과 여가를 즐길 수 있도
록 공원, 광장, 녹지 공간을 배려한 것이 일품이다.

주　소 광저우시 황포구
(广州市黄埔区)
교통편 광저우 지하철 6호선 → 나강역
(广州地铁6号线 → 萝岗站)

황포구의 구청사

우리나라 웬만한 시청사 규모 정도의 큰 건물이 황포구의 구청사이다. 역시 대국답게 남다른 스케일을 자랑한다. 광저우시도 여느 도시와 마찬가지로 신도시와 구도심으로 나뉜다. 내가 근무한 개발구 쪽은 신도시로 계획된 곳이었다. 도로를 시원시원하게 뚫어놓았고, 대로 주변의 건축물들도 그 자태를 제각기 뽐냈다.

절제되고 깔끔한 느낌의 황포구청사의 모습

광저우 황포구청의 정문 모습

황포구청 정문의 위용이 대단하다. 대칭 형태로 설계된 이 정문은 절제되고 깔끔한 느낌을 주며, 현대적인 디자인과 전통적인 요소가 조화를 이룬다. 그 너머로는 넓은 광장이 펼쳐져 있어 민원인과 방문객들을 맞이한다. 정문을 통해 들어서면 황포구청의 웅장한 건물이 눈에 들어온다. 이 건물은 우리나라 웬만한 시청사 규모 정도의 큰 건물로, 광저우의 행정 중심지 역할을 하고 있다.

황포구청 정문

오직 구민을 위한 공간을 짓다

황포구의 공공건축물들은 지역 주민들에게 편리하고 환경 친화적이며 쾌적한 공간을 제공하도록 설계되었다. 공공 건축물은 주로 다수의 사람들이 이용하는 공간이기 때문에 기능성이 매우 중요하다. 또한 공공건축물은 사회와 문화의 중요한 부분이기도 하다.

대칭 형태로 심미성을 추구한 공공건축물

뤄강 의회청사

법률 제정 및 정부 견제와 정책 토론이 이루어지는 장소

뤄강 의회청사는 황포구의 뤄강 지역에 위치한 중요한 행정 건물로, 지역 의회의 다양한 회의와 행정 업무가 이루어지는 장소이다. 이 건물은 현대적인 디자인과 기능성을 갖추고 있으며, 지역 주민들에게 중요한 공공 서비스와 행정 지원을 제공한다.

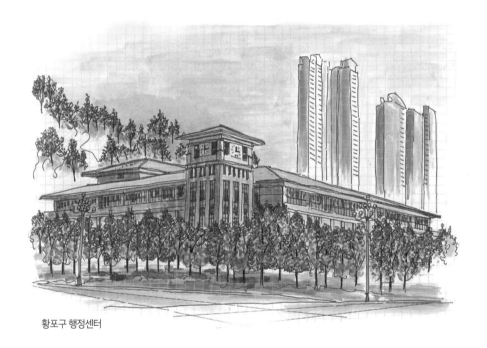

황포구 행정센터

18

상아탑의 보금자리
대학성 大学城

대학성은 광저우시의 유수한 대학인 중산대학, 화남사범대학, 화남이공대학, 광동공업대학 등 총 12개 대학이 모여 있는 곳이다. 우리나라 여의도 면적의 두 배 규모인 이곳은 예전에는 섬이었다. 대학성은 2004년부터 개교했으며 당시 중국 정부에서 약 300억 위안(한화 약 3조 7천억 원)을 투자해 조성했다. 많은 대학이 모여 있는 만큼 전철역도 3곳이나 있는 이곳의 원래 이름은 'Higher Educatiton Mega Centre'였다.

대학성에는 각 대학의 특성에 맞게 멋지게 지어진 건물이 많다. 부지가 넓어서 그런지 자유자재로 설계한 모습을 엿볼 수 있다. 단지 주변으로는 각 대학의 정문이 있고 본관, 강의실, 단과대별 캠퍼스가 있다. 단지 중앙부에는 기숙사, 편의시설 등이 배치되어 있다. 학업에만 몰입할 수 있도록 단지 계획을 수립한 모습이다.

중국의 미래는 밝다고 생각한다. 장기적으로 좋은 대학들을 만들고 투자했으니 앞으로 많은 인재를 양성하여 배출할 수 있을 것이다.

주　소　광저우시 번우구 소곡위가도
(广州市番禺区小谷围街道)
교통편　광저우 지하철 4호선 → 대학성남역, 대학성북역
(广州地铁4号线 → 大学城南站, 大学城北站)

상아탑을 상징하는 학사모탑

광저우공업대학

暨 南 大 學

JINAN UNIVERSITY

廣州中醫藥大学

기남대학

광저우중한의학대학

광동외어외무대학

광저우대학

광저우에서 만난 순간들

각 대학의 특성을 살린 대학성의 건물

대부분 건물의 외관 디자인은 미래 지향적인 느낌을 주며, 일부 건물은
중국 전통 건축양식을 현대적으로 새해석하여 디자인하였다. 태양광 패
널, 녹색 지붕, 자연 채광 등 친환경적 건축물도 많이 보인다.

광저우의과대학 정문

광동약학대학

광저우미술대학

일명 '광메이(广美)'라고도 불리는 광저우미술대학은 중국에서 5위 안에 들어가는 유명한 미술대학인 만큼 중국에서 미술을 하는 사람치고 모르는 이가 없을 정도다. 대학성 안에 있으며 바로 옆 캠퍼스에는 이곳 대학성의 핫플레이스인 중산대학이 자리 잡고 있다. 세라믹아트디자인과, 시각디자인과, 조소과, 공업디자인과, 건축설계디자인과 등이 개설되어 있고 학비는 한국과 비슷할 정도로 비싼 편이다.

광저우미술대학

성해음악대학

대학성 내 아파트

대학성 안에 있는 건물이다. 짐작하기로는 대학
교수들의 사택이 아닐까 싶다.
원형으로 처리된 발코니 바닥을 엇갈리게 배치
하여 운치를 더했다.

대학성 내 아파트

2부

광저우의 전통과 역사, 유적, 사찰, 민속

19
광저우의 옛 모습을 그대로 간직한 곳
영남인상원 岭南印象园

광저우 대학성 단지의 남쪽에 위치한 영남인상원 (링난인샹위안)은 일종의 민속촌이라고 할 수 있다. 영남(岭南, 링난)이라는 지명은 중국 남방 5개 영의 남쪽 지역, 즉 광동(廣東, 광둥), 광서(廣西, 광시), 해남(海南, 하이난) 지역을 지칭하는데, 중국 남부 남령(南嶺, 난링)산맥 아래의 지방을 말한다. 영남인상원은 영남의 특색 있는 거리, 전통 건축, 주민들의 일상생활 등을 볼 수 있는 곳으로서 이곳에서 관광, 휴식, 오락, 쇼핑, 음식 등을 즐기며 영남 지역의 전통 민속 문화를 알 수 있다.

주　소 광저우시 번우구 대학성외환서로
(广州市番禺区大学城外环西路)
교통편 광저우 지하철 4호선 → 대학성남역
(广州地铁4号线 → 大学城南站)

영남인상원은 광동 지방의 전통 마을을 재현한 민속 마을이다. 민속 문화를 한꺼번에 체험할 수 있는 특색 있는 거리이며, 광동 무형 문화유산을 고스란히 볼 수 있는 곳이다. 옛날 그대로의 은행, 영화관, 신문사 등 추억의 장소들과 광동의 전통 음식점들이 있어, 사람들에게 과거의 기억을 떠올리게 해주는 복합 문화 체험지이다. 각종 행사용 사진을 촬영하기에도 적합한 장소이다.

영남인상원 정문

전망대에서 바라본 영남인상원

"회색 톤의 벽돌과
검은색 지붕
그리고 처마 선이
아름답다."

영남인상원 전망대

소중한 추억을 남기기에 안성맞춤인 장소

회색 벽돌로 만들어진 타워형 전망대의 최상층까지 걸어서 올라가면 영남인상원의 전경을 한눈에 내려다볼 수 있다. 올라가는 계단은 약간 비좁지만 계단참마다 이곳의 명소에 대한 안내 그림이 붙어 있어, 그림과 설명을 보면서 올라가다 보면 지루하지 않게 최상부인 전망대에 다다른다.

영남인상원의 대표 포토존

봄비 속에 물든 몽환의 호수

영남인상원의 정문에서 가장 먼 곳에 가면 넓은 호수가 있다. 방문한 날에는 봄비가 촉촉하게 내렸다. 호수의 물결 위로 떨어지는 빗물이 파문을 일으켰다. 주변의 초록빛 옷을 입은 나무들이 내리는 빗물에 춤을 췄다. 가슴속 깊이 자리 잡고 있던 감성을 자극하며 몽환적인 운치를 더했다.

호수 남쪽 다리 위에서 바라본 영남인상원

20

광저우의 옛 기록이 보관되어 있는

광저우박물관 广州博物馆

광저우시 월수구 월수공원 한가운데에 위치한 광저우박물관은 풍부한 역사와 문화 자료를 보관한 곳이다. 붉은 톤의 사암(샌드스톤)으로 지어진, 최고 높이 28m의 웅장한 건물이다. 이곳은 중국에서 출토된 고대 도기 등의 물건들과 중국 민주혁명 등의 근대사 자료들이 보관되어 있다.

주　　소 광저우시 월수구 진해로 99호
(广州市越秀区镇海路99号)
교통편 광저우 지하철 2호선 → 월수공원역
(广州地铁2号线 → 越秀公园站)

광저우박물관 전면(진해루)

광저우 시내를 한눈에 볼 수 있는 전망대, 진해루

1380년경 5층짜리 누각으로 세워진 건물인 '진해루(鎭海樓)'는 현재 정식 명칭으로 '광저우박물관'을 사용하고 있다.
옛 전설에 따르면 명나라 주원장(朱元璋)이 남경(南京, 난징)을 수도로 사용하고 있을 때 이 자리에 왕의 기운이 꿈틀거린다는 풍수지리가의 조언으로 용맥(龍脈)을 차단하기 위해 건물을 세웠다고 한다.
광저우박물관 높이는 28m로, 광저우 시내를 조망할 수 있다.

벽체에 새겨진 광저우박물관 명판

售票处

광저우의 역사와 문화를 보관하고 있는 곳

광저우박물관은 1929년에 개관하여 다양한 역사적 유물과 자료를 전시하고 있다. 2017년에는 국가 1급 박물관으로 승격되어 지금은 많은 관광객이 찾는 명소가 되었다.

광저우박물관 후면

21
서한남월왕박물관 西汉南越王博物馆

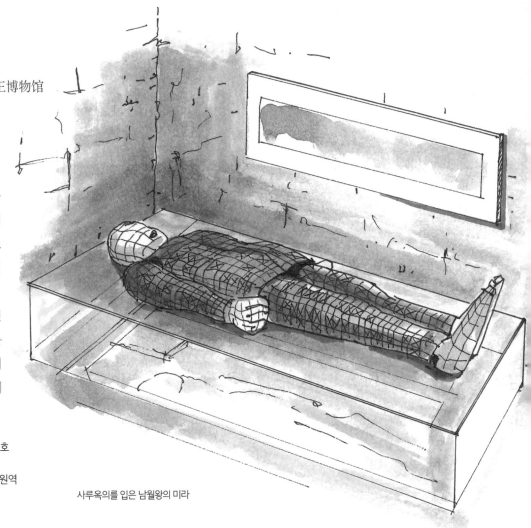

다양한 역사적·문화적 가치를 체험할 수 있는
서한남월왕박물관은 서한 시기 남월국 제2대
왕인 조말(趙眜)의 묘지터에 세워졌다고 한다.
중요한 유물인 '사루옥의(絲縷玉衣)'가 보관되
어 있다.

'사루옥의'는 남월왕 조말의 무덤에서 출토된
유물로서 '옥(玉)을 실로 엮어 만든 옷'이라는
뜻이다. 옥편을 비단실로 엮어서 만든 이 수의
는 매우 정교하게 제작되었으며, 당시의 장례
문화와 기술을 가늠해 볼 수 있게 한다.

주　소 광저우시 월수구 해방북로 867호
(广州市越秀区解放北路867号)
교통편 광저우 지하철 2호선 → 월수공원역
(广州地铁2号线 → 越秀公园站)

사루옥의를 입은 남월왕의 미라

홍색 사암으로 장식한 박물관 입구

서한남월왕박물관에는 남월왕 묘에서
발굴된 유물 1만여 점이 전시되어 있다.
중요한 역사적·예술적 가치를 지닌 유
물이 포함되어 있어 남월국의 역사와
문화를 이해하는 데 중요한 역할을 하
고 있다.

박물관 동쪽에는 3층의 종합 전
시실이 있고, 북쪽에는 2층의 테
마 전시실이 있다. 회랑으로 3개
의 건물을 하나로 연결하여 총
10개의 전시관으로 구성하였다.

서한남월왕박물관 입구

125

유리 덮개를 씌운 남월왕의 고묘

남월왕의 고묘는 거대한 유리 덮개로 덮여 있으며, 이는
한나라 제왕 능묘의 봉토를 상징하고 있다. 이곳의 주요
전시물은 금인(金印), 옥기(玉器), 청동기 등이다.

봉토를 상징하는 채광창으로 마감한 서한남월왕박물관의 외부 모습

매우 좁은 계단을 지나야 사루옥의를
입은 남월왕의 미라가 있는 지하로 내
려갈 수 있다.

지하 무덤으로 내려가는 계단 입구

22
여섯 그루의 용(榕)나무가 있는 전통 사찰
육용사 六榕寺

'육용사'는 광저우시 인민공원 근처에 있는 유서 깊은 불교 사찰이다. 사찰 내에는 여섯 그루의 '용나무'가 있는데, 송나라 때의 저명한 문학가 소동파가 이를 보고 '육용사'라는 이름을 지었다고 한다.

용나무의 정식 명칭은 '벵골고무나무'이며 흔히 '벵골보리수', '바니안나무'로 불린다. 영어 이름인 '반얀트리(banyan tree)'는 영국 작가들이, '반야'라고 불리는 인도의 상인들이 벵골보리수 나무 아래에 모이는 모습을 이야기한 데서 유래한 이름이다.

주　소 광저우시 월수구 육용로 87호
(广州市越秀区六榕路87号)
교통편 광저우 지하철 1호선 → 서문역
(广州地铁1号线 → 西门站)

고가와 지붕 뒤로 보이는 9층 화탑

용나무 그늘

용나무는 줄기가 비틀리면서 하늘을 향하여 성
장하는 모습이 마치 용이 하늘로 솟아오르는 형
상을 닮았다 하여 '용(榕)나무'로 불리게 되었다
고 한다.
아주 더운 날에 이 나무의 그늘로 들어가면 시원
하기 때문에 많은 사람들이 애용하는 장소이다.

육용사에 있는 바니안나무

"고대 인도와 중국의
건축양식이 결합된 화탑과
여섯 그루의 보리수로 유명한
1,500년 된 불교 사찰"

바니안나무의 열매

육용사 내에 있는 9층 화탑의 모습

1,500년 된 불교 사찰

육용사는 1,500년 전에 세워졌으며 오래
된 불교 문물이 다수 보관된 곳이다. 창건
이후 여러 이름으로 불렸으나 현재의 이
름을 얻게 된 것은 서예가이며 문학가인
소동파가 1100년에 이곳에 왔다가 용나무
여섯 그루를 보고 '육용(六榕)'이란 글자
를 새긴 이후라고 한다.

육용사 경내의 모습

23

광저우의 국립 현충원

광저우 기의열사능원 广州起义烈士陵园

기의열사능원은 중국 광저우에 위치한 기념비적인
장소로, 우리나라의 국립 현충원과 비슷한 곳이다.
1927년 12월 11일에 발생한 광저우 봉기에서 희생된
사람들을 기리기 위해 만들어졌다. 장제스의 상하이
쿠데타로 쑨원이 지지하던 국공합작이 결렬되면서
발생한 광저우 봉기의 열사들을 기리는 공원이다.
기의열사능원은 광저우 시민들이 일상을 즐기는 공
간이기도 하며, 산책이나 체조를 하는 사람들을 쉽
게 볼 수 있는 장소이기도 하다.

 주　　소 광저우시 월수구 중산이로 92호
(广州市越秀区中山二路92号)
교통편 광저우 지하철 1호선 → 서문역
(广州地铁1号线 → 西门站)

무장봉기를 일으켰던 대원의 모습

1927년 광저우에서 무장봉기를 일으킨 공산당 혁명 열사들의 무덤이 있는 이곳에는 광저우
봉기 기념탑과 5,000여 명 희생자들의 합장릉이 있다.

廣州起義烈士陵園

광저우 기의열사능원 정문

혁명을 찬양하는 기념탑

높게 솟아 있는 기념탑에는 당시 봉기
과정의 모습을 부조로 새겨놓았다. 이
봉기는 제1차 국공합작의 결렬 과정에
서 일어난 사건으로, 중국 공산당이 주
도한 민중 봉기였다.

중국 국민당과 중국 공산당의 국공합
작을 지지하던 쑨원의 사망 이후, 당시
후계자였던 장제스가 상하이 쿠데타
를 일으켜 공산당과 국민당 내부 좌파
를 궁지로 몰면서 국공합작을 결렬시
키는 계기를 만들었고 이를 배경으로
1927년 공산당의 무장봉기가 일어났지
만 모두 실패로 돌아갔다.

광저우 열사 기념탑

민중 봉기의 장소

1927년 12월 11일, 광저우의 거리에는 강렬한 긴장감이 감돌았다. 민중들은 무장을 하고 봉기를 준비하며 그들의 목소리를 높였다. 그날의 하늘은 먹구름이 낀 듯 어두웠지만, 민중들의 눈빛은 불타오르고 있었다. 남녀노소 할 것 없이 모두가 하나가 되어 거리로 나섰다. 혁명의 깃발이 휘날리고, 구호가 울려 퍼졌다.

봉기의 중심에는 젊은 혁명가들이 있었다. 그들은 부패와 불의에 맞서 싸우겠다는 결의를 다졌다. 총성이 울리고, 피와 눈물이 섞인 그날의 광저우는 혁명의 함성으로 뒤덮였다. 민중들은 두려움 없이 앞으로 나아갔고, 그들의 용기와 희생은 지금도 기의열사능원에 고스란히 남아 있다.

기념관 내에 있는 봉기한 민중의 모습 그림

24

대한민국 독립군이 군사 유학했던 곳
황포군관학교 黄埔军官学校

황포군관학교는 중국 최초의 현대식 군사학
교이다. 오랜 역사를 지닌 군사학교는 아니지
만 3년간 6기 동안 약 7,000명의 군사 지도자
를 배출하고 문을 닫았다. 오랜 역사를 지닌
군사학교는 아니지만 중국 역사에 미친 영향
은 대단히 크다. 중국 국민당과 공산당 군대
에 이 학교 출신 군사 지도자가 배속되어 혁
혁한 공을 세웠다.

주　　소 광저우시 황포구 군교로 170호 황포군교구지기념관
(广州市黄埔区军校路170号 黄埔军校旧址纪念馆)
교통편 광저우 지하철 5호선 → 어주역
(广州地铁5号线 → 鱼珠站)

황포군관학교 출입문

교내의 긴 회랑

군관학교 중앙에 위치한 긴 회랑(回廊)은 아열대
기후의 지역적인 특성을 고려하여
통풍이 잘되도록 시원스럽게
설계되었다.

교내의 건물과 건물을 연결시켜 주는 회랑의 모습

1924년에 설립된 황포군관학교

황포군관학교의 건축은 전통과 현대가 조화를 이룬다. 전통적인 중국 건축의 특징인 기와지붕을 유지하면서도 현대적인 재료인 콘크리트를 사용하여 내구성을 높였다. 1924년에 설립된 황포군관학교는 중국 현대사에서 굵직한 족적을 남긴 많은 사람들의 기록이 있는 곳이다. 이 학교의 초대 교장은 장제스이다. 황포군관학교는 한국의 독립운동사에도 많은 영향을 미쳤는데 특히 김원봉, 최원봉, 오성륜 등이 이 학교 출신의 교관 및 졸업생이다.

황포군관학교 내부

교내 회랑의 모습

주강과 연결된 황포군관학교

황포군관학교는 인근의 주강과 연결되어 있어, 이곳 학교 선착장에서 배를 타고 광저우 타워 등이 있는 광저우 도심으로 이동할 수 있다. 배를 타고 바라보는 도심 전망이 아름답고 특히 야경은 더욱 빼어나다.

황포군관학교 선착장

중국의 국부(国父)를 기리는
쑨원기념당 孙文纪念堂

월수공원에 있는 쑨원기념당은 중산기념당(中山紀念堂)이라고도 불린다. 중국의 국부라고 칭하는 쑨원을 기리기 위한 기념관이며 건물 전면에는 쑨원의 동상이 세워져 있다. 광동성은 쑨원의 고향이다. 신해혁명을 이끈 쑨원은 '중국의 아버지'로 불린다. 쑨원기념당 현판에는 '천하위공(天下爲公)'이라는 글귀가 있는데, 이는 《예기》에 실린 글인 '천하는 모두의 것이지 어느 한 사람의 것이 아니다.'라는 공자의 말씀이다. 모두가 평등하고 신의와 평화를 지키며 사는 '대동사회'에서 천하(天下)는 백성 모두의 것이다.

주　소 광저우시 월수구 동풍중로 259호
(广州市越秀区东风中路259号)
교통편 광저우 지하철 2호선 → 기념당역
(广州地铁2号线 → 纪念堂站)

중국 전통 특색이 보이는 웅장한 건축물

중산기념당은 궁전 형식의 웅장한 팔각형 건축물로 중국의 전통 특색이 돋보이는 건물이다. 중앙에는 현판이 걸려 있고, 그 위에 쑨원이 손으로 직접 쓴 '천하위공(天下爲公)'이 크게 쓰여 있다. 건축물 내부는 공연장처럼 꾸며져 있으며, 현재도 많은 공연이 이곳에서 열린다.

쑨원기념당 건물 중앙의 쑨원 동상

전통적인 건축미가 물씬

쑨원기념당 입구의 기와지붕은 중국
전통 건축양식을 잘 반영하고 있다.
푸른색 기와로 장식된 지붕이 2단으
로 형성되어 있고 지붕의 곡선은 우
아하고 아름답다. 이곳을 통하여 쑨
원기념당으로 갈 수 있다.

쑨원기념당 입구

쑨원의 혁명 정신과 업적을 되새길 수 있는 곳

쑨원기념비에는 이렇게 적혀 있다.

'이것은 위대한 혁명의 선구자인 쑨원 박사를 기리는 기념비이다.'

이 비석의 높이는 37m로 전체가 화강석이며 밑부분이 크고 위쪽이 작은 기둥 모양이다. 1978년 7월 광동성 문화재 보호 단위로 지정되었다.

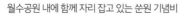
월수공원 내에 함께 자리 잡고 있는 쑨원 기념비

26
역사상 가장 부도덕한 전쟁을 기념한
아편전쟁박물관 鸦片战争博物馆

중국은 18세기부터 아편의 수입량이 증가하자 여러 차례 아편금지령을 내렸지만 통하지 않았다. 이에 흠차대신 임칙서(林则徐)가 아편을 몰수하는 등 강경하게 아편무역 금지조치를 행하여 아편 수출 물량이 줄어들자, 아편 수출국이었던 영국이 중국으로 원정군을 파견하면서 아편전쟁이 발발했다. 아편전쟁박물관은 임칙서를 기린 박물관이기도 하다.

주　소　동관시 호문진 해방로 88호
(东莞市虎门镇解放路88号)
교통편　262번 버스 → 칙서공원역
(262路公交 → 则徐公园站)

아편전쟁

아편전쟁은 '역사상 가장 부도덕한 전쟁'으로 표현된다.

월등한 영국의 군사력에 중국은 아편전쟁에서 졌고, 이는 결국 불평등한 난징조약을 체결하는 계기가 되었다.

아편전쟁박물관으로 들어가는 입구

林則徐銷烟地旧址

李鳴

임칙서기념관

임칙서

청나라 말기에 황제의 명을 받은 흠차
대신(欽差大臣)이었던 임칙서(林則徐)
는 밀수된 아편을 불태우고 수입 금지
를 명하여 아편 전쟁을 유발하였다.

흠차대신 임칙서 동상

27

벽돌공장이 새롭게 탈바꿈되다
홍전창 红专厂

광저우의 도심, 천하구에 있는 홍전창은 붉은 벽돌(적벽돌)로 지어진 옛 공장들이 있는 곳이다. red와 factory를 합쳐 redtory라고 부르는 홍전창의 정식 명칭은 '레드토리 예술, 디자인 공장(Redtory Art & Design Factory)'이다. 1893년경에 세워진 통조림 공장터였던 곳을 2009년에 기존 공장의 뼈대를 남겨둔 채 리모델링하여 조성한 홍전창은 현재 IT 벤처 사무실이나 작가들의 공방 겸 가게, 문화예술 전시공간 등으로 사용되고 있다. 세월의 흔적이 남아 있는 오래된 건물들이 많은 관광객을 이곳으로 끌어들이고 있다.

주　　소 광저우시 천하구 원촌 사횡로 128호
(广州市天河区员村四横路128号)
교통편 광저우 지하철 5호선 → 원촌역, 771번 버스 → 파주대교저역
(广州地铁5号线 → 员村站, 771路公交 → 琶洲大桥底站)

홍전창에 있는 옛 통조림 공장 건물

홍전창에 있는 서점

사진이 잘 나오는 붉은 건물들

홍전창은 전체적으로 붉은 톤이어서 사진을 촬영하기 좋다. 낡고 오래된 공장의 모습을 예전 느낌 그대로 유지하고 있어서 이곳에 오면 시간이 멈춘 듯한 기분이 든다. 볼거리, 먹거리 등도 풍부하여 광저우시 지역 명소이기도 하다.

"낡고 허술한 오래된 벽이
옛날의 멋스러움을 보여준다."

예스러운 모습을 그대로 간직한 공장터

도심 속에서 예술과 문화를 만끽하다

젊은이들의 휴식처로도 유명한 홍전창은 여유로운 시간을 보낼 수 있는 테라스 카페와 다양한 음료와 식사를 제공하는 공간도 마련되어 있다. 더운 여름날에는 나무 그늘 아래에서 시원한 시간을 보낼 수 있다.

홍전창은 광저우 도심 속에서 예술과 문화를 만끽할 수 있는 특별한 장소이며, 이곳을 방문하면 옛 공장의 멋스러움과 현대 예술의 조화를 동시에 느낄 수 있다.

틈새의 붉은 벽돌이 도드라져 보이는 오래된 회 바름벽

팩토리 넘버와 개미 조형물, 오토바이로 꾸민 창의적인 공간

자유로운 창작 공간

예술과 문화의 공간인 홍전창은 규모는 작지만 북경의 798과 비슷하다. 다양성이 존중되는 이곳은 독창적인 상상력을 자유롭게 표현하는 장소이다. 전문 사진작가들이 화보 또는 웨딩촬영 등을 위해 찾는 명소이기도 하며, 여러 아티스트의 창작 갤러리와 각종 음식점이 들어서 있다.

홍전창을 이곳저곳 구경하다 보면 기이한 모양의 조각상도 볼 수 있다.

건물 앞에 놓인 상상의 동물 조각상

홍전창 입구의 조형물

젊은이들의 쉼터

홍전창은 젊은이들의 거리답게 많은 사람이 모여들어 휴식을 취하거나 데이트를 하는 곳이다.

더운 여름날에는 나무 아래 짙은 그늘이 우리를 반겨준다.

각종 음료와 식사가있는 테라스 카페

3부

휴식, 젊음, 창작
그리고 낭만

28
실개천이 흐르는 아기자기한 광저우의 옛 마을
소주촌 小洲村

광저우시 외곽인 해주구(海珠區)에 위치한 소주촌은 아주 소박한 거리 풍경과 조그맣게 꾸며놓은 여러 가게로 유명한 곳이다. 이곳은 많은 관광객이 찾아와 사진 촬영하기에 여념이 없으며, 기념품을 구매하기에도 최적인 곳이다. 소주촌에 가려면 광저우역에서 전철을 타고 서너 번의 환승을 거쳐 버스로 20여 분을 달려야 한다. 길 위의 풍경은 그들만의 정겨움을 있는 그대로 품었다.

주　소 광저우시 해주구 소주촌
(广州市海珠区小洲村)
교통편 광저우 지하철 5호선 → 엽덕역 → 45번 버스 → 소주촌역
(广州地铁5号线 → 猎德站 → 45路公交 → 小洲总站)

소주촌에 위치한 부티크 '묘옥(猫屋)'의 전경

소주촌의 묘옥(猫屋) 부티크

소주촌은 구도심에 있는 건물들의 원형을 그대로 살려둔 채 내·외장을 리뉴얼하여 만든 관광 명소이다. 도시재생사업의 일환으로도 볼 수 있다. 건물 저마다의 독특한 외관으로 많은 사람들을 끌어들이고 있는 곳이다. 소주촌은 지질학상 황토가 많이 분포되어 있는 지역이라 적벽돌로 지은 건물이 많다. 거리를 지나다 만나는 대부분의 건물이 적벽돌을 사용한 것을 볼 수 있다.

주택, 공장, 사무소, 관공서 등 붉은 톤의 재료를 이렇게 많이 사용하게 된 배경에는 아마도 붉은색을 워낙 좋아하는 그들만의 민족성과 오성홍기(五星紅旗) 속 붉은색도 관련이 있는 듯싶다.

"옛이야기 지절대는
광저우의 옛 마을"

묘옥의 고풍스러운 벽돌 담장

낡고 정감 있는 붉은 점토 벽돌벽

오래된 동네의 따뜻하고 아련한 기억을 떠올리게 하는 붉은 벽돌벽과 맑은 유리창의 조화는 고향집을 방문한 듯한 포근함을 느끼게 하였다.

공간의 여백을 살린 부티크 외관

"매장 안에서 바깥의
풍경을 바라보았다.
여름날
유리창 너머로
짙은 녹음이 눈에 들어왔다.
그림으로 표현하기에는
한계가 있지만
내가 기억하는
그때의 풍경은 풋풋한
한 폭의 수채화 같았다."

고급스럽고 스타일리시한 의류 부티크

민들레 수공예점

소주촌에 가면 기다란 실개천을 따라 양쪽으로 각
종 상점들이 옹기종기 들어서 있다. 정갈한 옛 모습
을 그대로 보존한 건물이 많다.

민들레 수공예점(蒲公英手工店)은 실개천 끝자락
에 위치해 있다. 바로 전면에 커다란 호수가 있으
며, 호수 주변으로 벤치와 키 큰 활엽수들이 있어
넓은 그늘에서 커피 한 잔 들고 휴식할 수 있는 멋
진 장소이다.

'민들레' 하니까 대만 출신의 영화배우 주걸륜과 계
륜미 주연의 판타지 로맨스 영화,〈말할 수 없는 비
밀(不能說的秘密)〉의 주제곡인〈민들레의 약속(蒲
公英的約定)〉이 떠오른다. 잔잔하고 애잔한 피아
노 선율이 귓전에서 맴돈다.

민들레 수공예점

소주촌의 과거와 현재를 보여주는 곳

소주촌에는 '소주인민예당'이라는 곳이 있다. 이곳에는 마오쩌둥의 사상에 대한 홍보 영상과 소주촌의 과거와 현재를 보여주는 영상물 및 자료들이 보관되어 있다.

소주촌 인민예당

신구의 조화

중국의 국가 경제가 발전하면서 새로운 빌딩들이
곳곳에 많이 생기고 있지만, 이곳만은 옛 모습 그
대로 건물을 보존하고 있다.

《논어(論語)》, 〈위정(爲政)〉 편에 등장하는 온고
지신(溫故知新), 즉 '옛것을 익히고 새것을 알아
야 남의 스승이 될 수 있다'는 말을 떠올리게 한다.

옛것을 그대로 보존한 건물 뒤로
현대식 건물들이 들어선 모습

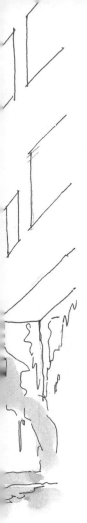

따뜻하고 아련한 기억을 떠올리게 하는 골목길

소주촌의 오래된 도심 골목길 풍경은 마치 시간의 흐름을 거꾸로 거슬러 올라가는 듯한 느낌을 준다. 비좁은 길을 따라 걷다 보면, 양옆으로 늘어선 낡은 건물들이 과거의 이야기를 속삭이는 듯하다. 균열과 백화현상으로 부서진 벽돌이 드러난 벽과 오래된 간판들이 세월의 흔적을 고스란히 간직하고 있는 것을 볼 수 있다.

소주촌을 걷다 보면 만나는 골목길 풍경

165

유려한 곡선이 신비로움과 평온함을 느끼게 하는 월문

이 둥근 모양의 출입구는 '월문(月門)'이라고 불린다. 달의 모양을 닮았기 때문이다. 월문은 정원이나 건축물의 경계를 표시하면서도 자연스럽게 공간을 연결하는 역할을 한다. 월문은 중국 전통 건축에서 중요한 부분으로, 오늘날에도 많은 전통 정원과 건축물에서 그 모습을 찾아볼 수 있다.

소주촌 산책 중에 만난 멋진 아치형 담장 월문

소주촌 중심에 있는 잔잔한 호수에

뱃머리가 뾰족한 긴 쪽배 한 척이 유유하게 떠 있다.

소주촌 중심에 있는 잔잔한 호숫가

29

기찻길을 따라 걷기 좋은 곳
석위당 기차역 石围塘火车站

9월의 어느 무더운 여름날. 백팩을 등에 메고 중국 온라인 플랫폼인 바이두에서 여행할 장소를 검색한 후 무작정 떠났다. 전철 노선이 편리하게 갖춰진 광저우는 외국인 관광객이 여행하기에 최적의 조건을 지닌 곳이다. '과연 광저우에서도 우리나라의 소래포구처럼 잔잔한 정취와 분위기를 갖춘 철길을 볼 수 있을까?' 하는 의구심을 가지고 출발했다.

도착한 그곳은 거의 폐선로에 가까워 보였다. 간헐적으로 몇 대의 열차가 움직이고 있었지만 곧 얼마 있지 않아 없어질 듯한 분위기였다. 철길에 대한 추억을 가지고 이곳에 왔지만 기억이 접목되지 않았다. 대신 좋은 색감과 앵글이 확보된 사진을 몇 장 얻었다.

주　소 광저우시 여만구 석위당로
(广州市荔湾区石围塘路)
교통편 광저우 지하철 1호선 → 방촌역
(广州地铁1号线 → 芳村站)

"끝없는 평행선,
두 선은 결코 맞닿을 수 없다."

석위당 기차역 입구

석위당 역의 녹슨 기찻길

"오랜 세월이 흘러
녹슨 기찻길 주변에는
잡초가 무성하다."

텅 빈 마음을 달랠 수 있는 호젓한 장소

이곳은 예전에 기차역이었다. 지금은 그 모습만
남겨진 채 방치되어 녹슨 철로 주변에 잡초들이
자라고 있지만 기차선로를 따라 걸어가기도 하고
뛰어보기도 하며, 옛 모습 그대로의 기찻길 정취
를 느낄 수 있는 곳이다.

철도 관련 시설물들이 그대로 방치되어 있어, 사
진작가들에게는 '작품'을 건질 수 있는 사진을 촬
영하기에 최적인 장소이다.

잡초가 무성한 기찻길

잃어버린 시간을 찾아 떠나는 여행처럼

낡고 고풍스러운 이 건물은 그 속에 담긴 세월과 이야기를 통해 시간의 흐름과 자연의
순환을 느낄 수 있는 공간이다.

옛 철도 시설물 창고

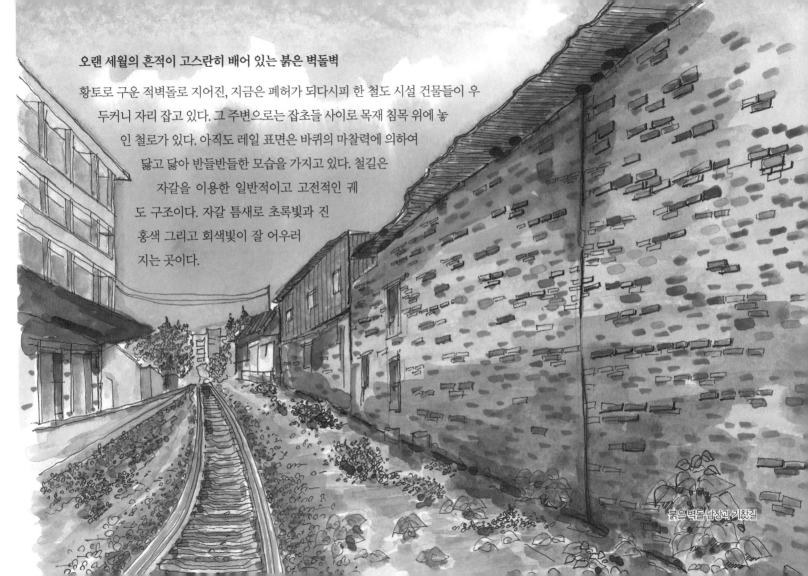

오랜 세월의 흔적이 고스란히 배어 있는 붉은 벽돌벽

황토로 구운 적벽돌로 지어진, 지금은 폐허가 되다시피 한 철도 시설 건물들이 우
두커니 자리 잡고 있다. 그 주변으로는 잡초들 사이로 목재 침목 위에 놓
인 철로가 있다. 아직도 레일 표면은 바퀴의 마찰력에 의하여
닳고 닳아 반들반들한 모습을 가지고 있다. 철길은
자갈을 이용한 일반적이고 고전적인 궤
도 구조이다. 자갈 틈새로 초록빛과 진
홍색 그리고 회색빛이 잘 어우러
지는 곳이다.

붉은 벽돌 담장과 기찻길

"나그네는 끝없이 펼쳐진 철길을 따라서
정처 없이 걷고 싶을 뿐이다."

걷고 싶은 기차 철길

아직도 예전 그대로의 모습을 간직한 채 철길은 남아 있다.

이곳은 수많은 애환이 담긴 옛 추억의 조각들을 찾기 위해 많은 사람들이 찾아오는 장소이다.

허름하게 모르타르를 바른 한 담장 너머로
황토 벽돌 건물들이 보인다.

기찻길을 따라 걷다 보면 만나는 허름한 담장 너머의 건물

먼 곳에서 기적 소리와 바람의 속삭임이 들리는 듯

남겨진 철길은 마치 시간이 멈춘 듯한 느낌을 준다. 녹슨 레일과 휘어진 철로는 그곳을 지났던 수많은 발걸음과 이야기를 담고 있다. 기찻길 주변에는 키 작은 풀과 잡초가 무성하게 자라나, 자연이 다시 그 자리를 찾아간 듯한 모습을 보여 준다.

수많은 사람들을 싣고 이 철길 위를 달렸을 기차는 지금 어디에 있을까?

창작이 살아 숨 쉬는 곳
동방홍창의원 东方红创意园

이곳은 광저우에서 꽤나 유명한 장소로, 다양한 역사적·문화적 명소가 있다. 전통적인 건축물과 현대적인 건축물이 조화를 이루고 있으며, 간단한 쇼핑과 휴식에 적당한 음식점과 카페 등이 있는 곳이다.

주　소 광저우시 해주구 공업대도중 313호
(广州市海珠区工业大道中313号)
교통편 광불선 지하철 → 연강역
(广佛线地铁 → 燕岗站)

창업과 혁신의 중심지

이곳은 오래되고 낡은 도심을 재생하는 사업의 일환으로 조성됐다. 그리고 창의적이고 독특한 아이디어를 갖고 창업할 수 있도록 정부에서 지원하는 업체들이 이곳에 들어와 자리를 잡고 있다. 건물들 외관은 개성적이고 특이하다. 이렇듯 광저우는 재개발을 하는 것이 아니라, 재생사업으로 도심을 현대화하여 탈바꿈하고 있었다. 그 결과 관광객을 끌어들이는 일석이조의 효과가 나타났다.

낡고 오래된 공장 외벽을 뒤덮은 싱그러운 녹색 덩굴

도전과 성장의 공간

여기 있는 작업실은 화가들의 창작 공간
이자, 열정과 꿈이 실현되는 장소이다. 이
곳에서 화가는 자신의 감정을 표현하고,
새로운 아이디어를 낸다. 끊임없는 도전
과 성장이 존재하는 곳이다.

예술가들의 창작 공간인 작업실

여기는 팝업 갤러리(pop-up gallery)

간헐적으로 전시회가 열리는 공간이다. 이곳은 독특한 분위기와 감성을 전달하며, 작품과 공간이 서로 어우러져 특별한 경험을 하게 한다. 이러한 장소에서의 전시회는 우리가 전혀 예상치 못한 창의적이고 새로운 아이디어를 접할 수 있는 기회를 주기도 한다.

창작한 조각품을 전시하는 공간

한여름의 한가로움을 만끽할 수 있는 장소

동방홍창의원을 방문했을 당시를 5월로 기억하고 있다. 약간 더운 날씨였고 시원한 공간이 필요한 시기였다. 커피 한잔의 여유를 즐길 수 있는 공간을 찾다가 구름이 떠 있는 하늘과 건물의 스카이라인이 멋진 구도를 이루는 것을 보았다.

다양한 창작 미술품을 볼 수 있는 전시관

동방홍창의원에 가던 날

광저우시의 여름 날씨는 무척이나 덥다. 타는 듯한 더위라고 말할 수 있다. 워낙 냉방시설이 잘되어 있어 실내는 덥지 않지만, 문을 열고 밖으로 한 걸음 나가면 곧바로 뜨거운 사우나 한증막에 들어온 것처럼 등줄기를 타고 땀이 쭈욱 흐른다. 스콜 같은 비도 워낙 자주 내리는 이곳에서는 남녀노소 가릴 것 없이 햇빛을 피할 수 있는 양산과 선글라스를 필수로 휴대한다. 동방홍창의원에 가던 날도 무척 더워서 힘은 들었지만, 그 안에 흐르는 공기는 그들의 창의적인 힘찬 에너지로 가득 차 있었음을 기억한다.

동방홍창의원 정문

31

광저우의 전설, 오양석상이 있는

월수공원 越秀公园

광저우시 월수구에 위치한 월수공원에는 광저우시를 상징하는 유명한 다섯 마리 양(羊) 조각이 있다. 광저우에는 옛날에 몹시 가난한 고장이었던 광저우가 하늘의 신이 다섯 마리 양에게 물려 보낸 곡식 이삭 덕분에 오곡이 풍성한 땅으로 변하였다는 전설이 전해진다. 이로 인해 광저우는 양성(羊城, 양의 도시), 또는 수성(穗城, 이삭의 도시)이란 별칭으로 불리게 되었고, 이 전설을 상징하는 오양석상(五羊石像)은 광저우시의 상징이 되었다.

주　소 광저우시 월수구 해방북로 960호
(广州市越秀区解放北路960号)
교통편 광저우 지하철 2호선 → 월수공원역
(广州地铁2号线 → 越秀公园站)

광저우에서 가장 큰 공원

월수공원은 약 93만 m² 면적에 인공
호수 3개, 사찰, 박물관 등이 들어서
있는 광저우 최대 공원이다.

월수공원 정문 입구

오양석상

오양석상의 전설

광저우의 상징물인 다섯 마리 양(羊)은 광저우의 옛 전설에도 등장하는 동물이다.

먼 옛날, 광저우 사람들은 아무리 열심히 일해도 풍족하게 지낼 수 없었는데, 어느 날 다섯 신선이 다섯 마리 양을 타고 하늘에서 내려와 광저우 백성들의 고통을 몸소 살펴보고 나서 구름 너머로 사라졌다. 곧이어 낟알이 많이 열리는 벼 이삭을 입에 문 다섯 마리 양이 내려와 광저우 사람들에게 이삭을 전해준 후 그대로 굳어져 돌이 되었고, 그 이삭으로 곡식을 재배하여 광저우 사람들은 비로소 풍족하게 먹고 살 수 있게 되었다고 한다. 이로 인해 광저우는 양성(羊城), 또는 수성(穗城)이란 별칭으로 불리게 되었다. 그 전설을 상징하고 있는 것이 월수공원의 오양석상이다. 오양석상을 보면 중앙에 있는 양의 입에 벼 이삭이 물려져 있다.

五羊雕像

오양석상이 있는 곳으로 올라가는 길

월수공원에 가면 반드시 봐야 한다는
오양석상은 '오양조상(五羊雕像)'이 새겨진
바위를 지나면 만날 수 있다.

'월수산' 표지석 뒤로 커다란 인공호수가 보인다. 이곳에서는 보트 타기 등의 활동을 즐길 수 있다.

월수산 표지석

월수공원의
또 다른 출입구로 올라가면
녹색의 자연림을 볼 수 있다.

기이한 모양의 바니안나무

아열대 기후에서 성장 속도가 빠른 바니안나무가 점토질
벽돌벽에 뿌리를 내린 채 자라는 모습은 한국에서는 절대 볼 수
없는 기괴한 모습이다.

벽에 뿌리를 내린 바니안나무

월수공원 옆에 자리 잡고 있는 광저우 난포는 각종 난(蘭)을 모아놓은 정원이다.

커다란 바위에 음각으로 새긴 광저우 난포의 표지석

야트막한 월수공원 입구 현판

월수공원의 한 입구로 들어가면 왼쪽에 공원임을 알려주는 현판이 있다.
점토로 만든 적벽돌과 회색 화강석으로 지어진 야트막한 담장을 만들어놓고
관광객을 기다린다.

공원 입구 근처에서 보이는 현판이 있는 담장

월수공원에서 약간 고지대에 위치한 성벽 같은 담장에는 햇살이 가득하다.

그늘진 나무 아래로 더위를 피하다

월수공원을 방문한 시기는 어느 여름날 오후였다. 햇살은 따가웠지만 공원 곳곳에 키 큰 활엽수가 드리우는 그늘로 더위를 간간이 피할 수 있었다. 전부 둘러보기에는 하루가 짧을 정도로 면적이 넓은 공원이었다.

32
소주촌 인근에 있는 자연생태공원
영주생태공원 瀛洲生态公园

광저우 소주촌 인근에 있는 영주생태공원은 자연 그대
로를 보존해 놓은 곳이다. 특별히 생태 보존과 환경 교
육을 중시하며, 방문객들이 자연과 더 친밀해질 수 있
는 많은 프로그램을 개발하여 운영하고 있다. 다채로운
동·식물들이 서식하고 있는 이 공원은 자연 그대로를 즐
길 수 있는 최적의 장소이다.

주   소 광저우시 해주구 소주동로 138호
(广州市海珠区小洲东路138号)
교통편 광저우 지하철 5호선 → 엽덕역 → 45번 버스 → 소주총역
(广州地铁5号线 → 猎德站 → 45路公交 → 小洲总站)

두리안

두리안 나무

누구나 편하게 이용할 수 있는 자연생태공원

이곳은 입장료가 놀랄 정도로 저렴하다. 자연 학습 장소로도 유명하다 보니 피크닉을 할 수 있는 공간과 어린이 놀이터가 곳곳에 있어 젊은 층이 가족 단위로 많이 찾는 곳이다.

영주생태공원 입구

광저우시를 대표하는 랜드마크 건물이 그려진 영주생태공원 내 기와 담장

우리에겐 아직 생소한 두리안

이곳 영주생태공원 안에는 독특한 향기 때문에 호불호가 갈리는 과일이 있다. 바로 두리안이다. 흔히 '맛은 천국, 냄새는 지옥'이라는 별명을 가진 열대과일의 황제로 두리안을 소개한다. 워낙 냄새가 지독해서 처음 대할 땐 누구나 기겁을 하고 돌아서지만, 한번 맛을 들이면 천하의 어떤 과일보다 맛있다고 평가하기 때문에 붙여진 별명이다. 두리안은 단맛이 강하며 미네랄과 비타민이 풍부하다. 열매의 씨는 삶거나 튀기거나 구워서 먹는다. 혈액순환에도 좋은 과일이다.

"맛은 천국, 냄새는 지옥"

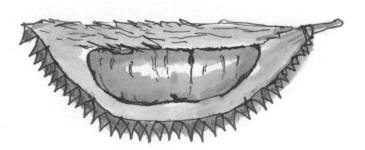

쪼개놓은 두리안의 모습

33

광동성 명산 중의 명산

백운산 白云山

하얀 구름이 두둥실 떠다닌다고 하여 붙여진 이름,
백운산. 백운산은 광저우 시민들이 많이 찾는 장소로
광저우시 백운구에 위치하고 있다. 예로부터 '양성
(羊城, 광저우의 별칭)에서 으뜸이다'라는 평가를
받아온 광동의 명산 중 하나이다.
광저우 북쪽에 위치해 시내가 한눈에 내려다보이며
특히 야경으로 유명한 명소이다.

주　소 광저우시 백운구 동화가도 광원중로 801호
(广州市白云区同和街道广园中路801号)

교통편 광저우 지하철 2호선 → 백운문화광장역
(广州地铁2号线 → 白云文化广场站)

베이징까지의 거리를 알려주는 백운산 정상의 방향 표지 기둥

광동의 명산

전국시대 및 진나라 시기부터
산수(山水)가 유명했으며 송나
라 때부터 '광저우 8대 경관지' 중
하나로 손꼽힌 백운산은 아름다운
여행지로 알려져 있다. 광저우를 대
표하는 비행장의 이름도 '백운공항(白
雲空港)'이라고 부른다.

백운산 입구

케이블카 아니면 도보, 선택의 순간

케이블카를 타면 정상까지 왕복 10분, 도보로는 왕복 약 2시간
정도 소요된다. 백운산 일대는 정원과 호수가 어우러져 백운산
풍경구로 지정되어 있다.

백운산 케이블카를 이용할 수 있는 매표소와 타는 곳

숲속의 오아시스를 만나다

백운산은 울창한 나무로 가
득한 산책길과 그늘을 무한
으로 제공한다. 피톤치드가
가득 생성되어 등산객들에게
쾌적함과 청량감을 준다.

피톤치드가 흠뻑 쏟아져 나올 듯한 숲길

호수를 따라 트레킹하기 좋은 길

하늘엔 하얀 구름, 호수엔 맑은 물결

백운산의 규모는 굉장히 크다. 한적한 호수를 끼고 트레킹을 하다 보면 호수 뒤편에 있는 초록의 산들을 쉽게 만날 수 있다.

마성령 입구

광저우 시내를 한눈에 담을 수 있는 곳

마성령(摩星岭)은 백운산의 상징적인 장소 중 하나이다. 아름다운 자연경관과 함께
광저우 시내를 한눈에 담을 수 있어 등산객의 인증 포토존이기도 하다.

마성령

백운산의 주봉에서 바라보는 일몰과 야경은 장관이다

백운산의 마성령은 광저우에서 가장 높은 봉우리로 해발 382m이다. 광저우 시내를 한눈에 내려다
볼 수 있는 이곳은 백운산의 주봉(主峯)이다. 마성령 정상에는 천남제일봉(天南第一峰)이라는 표
지석이 있는데 이는 '남쪽 하늘에서 가장 높은 봉우리'라는 의미이다.

천남제일봉을 알리는 표지가 있는 담장

마성령에서 광저우시의 화성광장과 광저우 타워 등 도시 전경을 한눈에 담다

백운산 정상에 오르면 저 멀리 광저우시의 랜드마크인 화성광장과 광저우 타워 등 광저우 시내가

한눈에 보이는 곳이 있다. 백운산에 다녀왔다면 이곳에서 화성광장을 배경으로 인증 사진을 찍어 증명한다.

마성령에서 바라본 광저우 시내의 모습

아직도 기억 속에 또렷하게 남아 있는 붉은 하늘 노을빛

다녀온 지 5년이란 시간이 흘렀지만 여전히 백운산에서 바라본 아름다운 석양은 잊히지 않는 기억으로 자리 잡고 있다.

백운만망(白云晚望)은 백운산에서 일몰을 감상할 수 있는 명소로, 특히 해 질 녘의 아름다운 풍경을 자랑하는 장소이다. 이곳에서는 광저우 시내와 주변의 산과 강을 한눈에 내려다볼 수 있으며, 일몰 때에는 서쪽 하늘이 붉게 물드는 장관을 감상할 수 있다.

백운산에서 해 질 녘의 모습을 조망할 수 있는 백운만망

34

리즈완에 있는 아름다운 골목

영경방 永庆坊

광저우에 있는 영경방은 역사와 현대가 살아
숨 쉬는 매혹적인 장소이다. 청나라 시기의
전통 건축양식을 고스란히 보존하고 현대적
인 스타일로 문화와 예술 공간을 더하여 새
롭게 탄생한 곳이다. 영경방은 이소룡 본가
가 있어 더 유명하며 고급 맛집, 디저트 카페
들이 집합하여 광저우의 새로운 관광 명소로
자리매김하고 있는 핫플레이스 중 한 곳이다.

주   소 광저우시 여만구 은녕로 99호
(广州市荔湾区恩宁路99号)
교통편 광저우 지하철 1호선, 6호선 → 황사역
(广州地铁 1号线, 6号线 → 黄沙站)

무너져가는 벽돌벽에 페인트칠을 하여 생명을 불어넣은 영경방 골목집

이소룡 조부가 살았던 집을 알리는 표지판   이소룡 동상   이소룡 조부가 살았던 집 입구

영경방에 있는 활자 인쇄 체험관에선 이름자로 쓰이는 한자는 모두 전시, 판매하고 있었다. 이곳에 들렀을 때 나의 이름 석 자에 맞는 한자 금속 활자를 구매했다.

永慶坊

廣東粵劇寒興堂

영경방 입구 간판

活字印刷体验馆

永庆一巷 4-1

永庆一巷 4-1

활자 인쇄 체험관

고택(古宅)에서 뜯어낸, 아주 오래된 기왓장의 암키와를 쌓아 만든 벽이 초록색 나뭇잎과 절묘한 조화를 이루고 있다.

오래되어 색이 바래고
고풍스러운 느낌을 주는 기와벽

영경방의 호수 옆에 지어진 정자

길게 늘어진 수양버들

이곳은 강수량이 풍부한 지역이어서
물을 좋아하는 수목들이 많다. 길게 늘어진
수양버들 옆의 한적한 호수에 나룻배가 떠다니고 있다.

광저우 시민을 위한 휴식 공간
인민공원 人民公园

광저우시 월수구에 있는 인민공원은 월수공원과 가까운 곳에 자리 잡고 있다. 이 공원은 역사적 사건과 문화적 행사가 많이 있었던 장소이다. 현재 아름다운 정원과 조각상을 볼 수 있는 인민공원은 이곳을 찾아오는 관광객들에게 휴식처가 되어주며, 다채로운 편의 시설을 제공해 준다.

인민공원 내에 있는 광저우의 중심점(origin point) 표시

주　소　광저우시 월수구 연신로 8호
(广州市越秀区连新路8号)
교통편　광저우 지하철 1호선, 2호선 → 공원전역
(广州地铁 1号线, 2号线 → 公園前站)

人民公園

인민공원 입구

시민들을 위한 공원

광저우시는 시민들을 위하여 많은 면적의 녹지공간을 제공하는 도시이다. 사람들은 이곳에서 가까운 이들과 함께 트레킹을 하고, 배드민턴도 치고, 맨손체조를 하고, 음악을 틀어놓고 춤을 춘다. 또한 시원한 그늘 밑에서 책을 읽거나, 장기 또는 체스를 두거나, 버스킹을 하거나, 즐거운 대화를 나누면서 다채롭게 일상을 살아간다.

광저우의 거리에 사람들이 삼삼오오 모이면 제기차기를 하는 것이 꽤 일반화되어 있다. 우리나라 사람들도 충분히 즐길 수 있는 놀이임에도 불구하고 한국에서는 그런 모습을 보기가 쉽지 않다. 광저우는 여름이 길기 때문에 간편한 복장을 하고 공원에 나와 제기차기하는 모습을 흔히 볼 수 있다.

시민들의 즐거운 댄스 시간

인민공원은 다양한 조각상과 정원, 그리고 편히 쉴 수 있는 휴식 공간이
잘 조성되어 있어 관광객에게 인기가 많은 장소이다.

인민공원 내에 있는 음악정

활엽수 그늘의 평온함

키 큰 활엽수들이 드리우는 그늘
의 평온하고 고요한 분위기는 자
연 속에서 편안하게 쉴 수 있는 공
간을 무한으로 만들어주고 있다.

인민공원 산책로

공원 안에 있는 손중산기념당(孫中山紀念堂)은 청나라 시절에
정부청사로 쓰던 건물이었다고 한다.

인민공원 내에 있는 손중산기념당

게임, 캐릭터 덕후들의 성지

코믹시티(动漫星城)는 우리나라 용산국제전자상가와 비슷한, 일종의 전자상가이다. 인민공원 앞 대형 쇼핑몰에 위치한 덕후들의 성지이며 그 규모가 굉장히 크다. 게임기나 피규어를 찾는 이들로 북적인다.

코믹시티 입구

36

젊음이 살아 숨 쉬는 강변
주강파티맥주문화창의예술구 珠江琶醍啤酒文化创意艺术区

광저우의 주강 남쪽 강변에 자리한 예술구는 젊은 층에게 인기 있는 문화 및 엔터테인먼트 장소이다. 원래 맥주 공장터였던 곳을 탈바꿈해 새롭게 모던한 문화 예술 공간으로 바꾼 이곳에서는 예전 맥주 공장 건물들을 볼 수 있으며 광저우의 아름다운 야경을 즐길 수 있다. 음악 공연이나 예술 전시회 등 다양한 이벤트가 열리는 활력과 젊음이 넘치는 장소이다. 중국의 5대 맥주는 칭다오, 설화, 하얼빈, 옌징 그리고 주강 맥주를 말한다. 한국에서 중국 맥주는 칭다오 맥주와 하얼빈 맥주를 주로 마시지만 이곳 광저우의 주강 맥주도 풍부한 향과 진한 맛이 일품인 라거 맥주이다.

주　소 광저우시 해주구 신항동로 마설사대가 118호
(广州市海珠区新港东路磨碟沙大街118号)
교통편 광저우 지하철 8호선 → 마설사역
(广州地铁8号线 → 摩碟沙站)

옛 맥주 공장 건물들을 리모델링하다

주강 강가에 있는 이곳은 화물항과 옛 맥주 공장의 창고를 개조하여 포스트모던 스타일의 창의적인 공간으로 재탄생한 공공 도시 공간이기도 하다.

주강파티맥주문화창의예술구 내에 있는 건물들

예전 맥주 공장터의 사일로

맥주 한잔의 여유를 즐길 수 있는 강변

여유로운 시간에 와서 맥주 한잔의 호사를 누릴 수 있는 장소이다.

밤이 되어 어둠이 내리면 이곳은 휘황찬란한 불빛과 함께 불야성으로 변한다.

주강파티 강변에서 낮에 바라본 광저우 도심의 모습

주강 맥주

활기찬 에너지를 느낄 수 있는 광저우의 새로운 랜드마크

이곳은 예술적 공간을 대폭 배치하여 현대 문화 예술과 맥주 엔터테인먼트를 결합한 공간이다. 옛 공장의 높은 사일로에는 경관조명을 설치하여 어둠이 깔리는 저녁에는 무척 화려하다.

이곳에서 가장 높은 옛 공장의 사일로

젊음과 활력이 넘치는 문화 예술의 중심지

주강파티문화예술창의구는 최신 트렌드의 문화 요소를 곁들인 먹거리, 음악, 오피스 등이 다양하게 결합된 공간 으로, 광저우의 새로운 랜드 마크로 자리 잡으면서 젊은 층을 끌어들이고 있다.

주강파티맥주문화창의예술구 내에 있는 건물들

37

화남 지방 최대의 식물원
화남식물원 华南植物园

1929년에 조성된 광저우 화남식물원은 둘러
보는 데 최소 서너 시간은 투자할 가치가 있는
곳이다. 이곳은 중국과학원에서 관리하는 광
저우 최대의 식물원 중 하나로서 각양각색의
식물과 아름다운 자연 그대로의 경치를 자랑
한다. 야외 식물원뿐 아니라 정글, 사막, 기타
다양한 테마로 잘 꾸며진 온실들도 빼놓을 수
없다. 광저우를 방문한다면 화남식물원의 자
연경관을 감상하는 것을 추천한다.

주　소 광저우시 천하구 천원로 1190호
(广州市天河区天源路1190号)
교통편 광저우 지하철 6호선 → 식물원역
(广州地铁6号线 → 植物园站)

화남식물원 입구

중국 최대 남아열대식물원

이곳은 농촌처럼 소박하고 평화로우며, 전통적인 야외 풍경과 더불어 다양한 풍경을 보여주는 온실이 매우 잘 어우려져 있다. 명확한 표지판과 안내가 제공되며, 도보 거리가 길어 지칠 때는 전기 택시 밴을 이용할 수 있다.

야자나무로 이루어진 숲길

가족 단위로 오기 좋은 곳

이 식물원은 남녀노소 관계없이 모든 연령대의 사람들이 함께 즐기기에 좋다. 여러 식물 구역과 온실이 있어 카메라로 천천히 사진을 찍는 시간이 즐겁다.

햇빛을 가려주는 키 큰 활엽수들이 있어 산책의 즐거움을 더해주는 길

아열대 기후의 식물은 전부 이곳에 있다

화남식물원은 가족과 친구 혹은 지인들과 휴식을 취하기 위해 들러도 좋고, 열대 지방의 식물을 만날 수 있어 평소 식물을 좋아하거나 관심이 있는 사람들이 방문하기에도 적합한 장소이다. 온실 정원은 별도의 입장료를 지불해야 하지만 많은 식물을 접할 수 있어 추천하는 곳이다.

화남식물원 온실원 입구

자연 지형을 그대로 이용한 식물원

화남식물원은 자연 그대로의 식물들이
조화를 이루고 있어 인위적인 느낌이 적
다. 봄꽃 축제 기간에는 온실 구역에서
여러 종류의 모란꽃 전시회가 화려하게
열려 많은 관광객으로 붐빈다.

테마 정원, 연못, 산책로가 잘 만들어져 종종 가는 길을 멈추고 눈에 담는다.

호수에 비친 나무 그늘마저 시원하다

호수에 비친 하늘빛과 기울어진 수목들의 조화가 그
림으로는 전부 표현할 수 없을 정도로 인상적이다.

있는 그대로의 자연을 느낄 수 있는 식물원의 호수 주변

38

광저우 도심의 힐링 포인트

톈허공원 天河公园

톈허공원(천하공원)은 도심 한복판에 자리 잡고 있어 시민들에게 편안한 안식처로서 휴식을 제공해 주는 장소이다. 이렇듯 중국에는 우리가 생각하는 것보다 훨씬 많은 공원들이 곳곳에 있어 일과 휴식의 균형, 즉 워라밸(work and life balance)을 실천하며 살아갈 수 있도록 돕는다.

텐허공원의 한적한 호수 정경

주　　소 광저우시 천하구 중산대도서 218호
(广州市天河区中山大道 西218号)

교통편 광저우 지하철 1호선 → 천하공원역, 6번·128번·550번 버스 → 천하공원역
(广州地铁1号线 → 天河公园站, 6号·128号·550号公交车 → 天河公园站)

"광저우 시민들은 워라밸을
실천하며 살아가고 있다."

나무숲으로 둘러싸인 산책길을 걸으면 절로
힐링이 되는 듯한 기분을 느낄 수 있다.
도심 한가운데에 위치한 톈허공원은 많은 시
민들이 이용하는 장소이다. 곳곳에 벤치와 운
동기구, 트레킹 도로, 자전거 도로, 연못, 쉼터
등 많은 편의시설이 갖춰져 있다.
스트레스가 많은 현대인들에게는 이러한 휴식
공간, 안식 공간이 절대적으로 필요하다. 광저
우시는 녹지공간이 비교적 많은 편이다.

밑으로 맑은 물이 흐르는 석조 아치교

광저우 시민들의 안식처

중국은 공원 문화와 광장 문화가 발달하여 도시 곳곳에 공원이 많다. 광저우 도심 속 톈허공원은 특별한
관광지는 아니지만, 조용해서 상념에 빠져 산책하기에 좋은 장소이다. 수령이 많은 나무들이 시민들에게
넓은 녹음과 그늘을 제공한다.

텐허공원 입구

바로 옆에 있는 동물원 구경은 덤

광저우동물원은 공원 인근에 위치하고 있어 톈허공원을 들른 후
이곳 동물원을 방문하는 코스가 일반적이다.

톈허공원 인근에 있는 광저우동물원 입구

일상의 피로를 푸는 장소

톈허공원은 연식이 오래된 전통 있는 공원이다. 최근 지하철역이 개통되면서 시민들에게 더욱 가까워졌다.

평소 이곳은 광저우 시민들이 자주 찾는 곳이며, 가벼운 산책이나 책 읽기에 좋은 장소이다. 예전에는 비교적 나이가 있는 사람들이 찾았지만 요즘은 젊은이들도 자주 찾아오는 광저우의 명소가 되었다. 특히 가을에는 수많은 키 큰 낙엽송의 단풍이 유화처럼 아름답다. 낙엽송을 배경으로 각종 화보를 촬영하려는 사람들이 몰려든다.

톈허공원 안에 있는 석상

"타는 듯한 한여름의 강렬한 햇볕을 피할 수 있는 장소로는 나무 그늘이 최고!"

매년 12월 말은 이 공원의 단풍이 절정인 때이다. 광저우의 겨울에는 흰색이 없지만 아름다운 가을 동화가 있다.

나무 그늘이 드리운 벤치

39
우리가 즐겨 먹는 리치의 본고장
리즈완 荔枝湾

리즈완은 리치가 많다 하여 붙여진 이름이다. 광저우시가 물의 도시인 것처럼 이곳에는 물가를 따라 리치나무가 울창하게 심겨 있다. 리치의 계절이 다가오면 온 동네가 붉은 리치로 넘쳐난다.

이곳은 또한 아름다운 수변 구역으로서 전통과 현대가 어우러진 매력적인 장소이다. 유람선 관광이 가능한데, 가종 명승고적과 문화유산이 많아 배를 타고 감상하기 좋다.

 주　소 광저우시 여만구 여지만로
(广州市荔湾区荔枝湾路)
교통편 광저우 지하철 6호선 → 여의방역
(广州地铁6号线 → 如意坊站)

배를 타고 유유히 둘러보다 마주한 리즈완의 아름다운 경치

무화과나무과 열대과일인 리치

리즈완을 방문하면

'리치베이'라고 불리는 리즈완은 물가를 따라 심어진 울창한 붉은 리치나무들을 볼 수 있고, 천천히 강을 따라가며 유람선을 타고 아름다운 경치를 감상할 수 있는 곳이다. 그리고 전통 광동 스타일의 건축물들이 늘어서 있어 광저우의 역사와 문화를 느낄 수 있으며 한번 이곳에 와본 사람은 쉽게 잊을 수 없다고 한다.

리즈완의 표지석

한국 사람들도 즐겨 먹는 과일 '리치'

리치(荔枝, 여지)는 원래 동남아시아가 원산지이나 중국에서 오래전부터 인기가 있었다. 10세기에는 한 관리가 리치를 주제로 한 책을 썼을 정도였고, 당나라 현종의 애첩인 양귀비가 이 열매를 무척 좋아해서 공급하는 데 국력을 많이 소모했다는 얘기도 있다.

열매의 색깔은 빨간색을 띠며 껍질은 오톨도톨한 돌기가 있어 약간 거칠고 질기지만 조금만 누르면 하얀 속살이 터진다. 캠벨리어 포도 모양과 흡사하다. 당도가 높아 많이 섭취하면 안 된다고 한다.

리치 열매

사람들의 시선에서 벗어난, 숨겨진 느낌의 골목길

리즈완은 사람들이 살고 있는 곳을 구불구불하게
통과하며 길을 따라 박물관, 유명인의 이전 거주지
등을 구경할 수 있다. 기념품을 파는 곳과 광저우
전통 간식을 판매하는 상점도 있다.

리즈완의 뒷골목 풍경

가까운 지인과 산책하기 좋은 장소

봄날 지인들과 함께 리즈완 풍경구를 방문하여 유명인의 옛 거주지와 기념물, 박물관을 구경했다. 리즈완은 매우 아름다워 사진 촬영하기에 좋았다. 이곳은 모든 곳이 매력적이다.

리즈완 입구에 있는 관광 안내도

리즈완은 와볼 만한 명소이다

3월의 리즈완은 중국 명절인 '춘절' 축제 때의 활기는 없지만, 고즈넉하다. 리즈완의 둑길을 거닐며 얼굴에 스치는 바람결을 느끼고 아름다운 수상 마을을 감상한다. 리즈완은 전통적인 광동 스타일의 건물을 구경하고, 정통 광동 요리를 맛보고, 사진을 촬영하기에 좋은 곳이다.

예스러움과 현대적인 느낌이 어우러지는 리즈완의 풍경

개발구 내의 또 다른 도심
유토피아 과학성 优托邦科学城

광저우 황포구에 있는 유토피아 과학성은 중
국 내에서도 비교적 큰 규모의 과학기술 단지
이다. 이곳은 첨단 기술 연구·개발을 위한 허
브 기지로, 다양한 연구소와 유수의 기업들이
모여 있으며 생명과학, 정보기술, 신소재 등
다양한 분야에서 활발한 연구 활동이 이루어
지고 있다. 중국의 과학기술 발전을 이끄는 원
동력이 되는 곳이다.

주　소 광저우시 황포구 과학성
(广州市黄埔区科学城)
교통편 광저우 지하철 21호선 → 과학성역
(广州地铁21号线 → 科学城站)

고덕회 구름다리

유토피아 과학성의 상징 탑

이 상징적 조형물은 과학성 광장 입구에 자리 잡고 있다. 하늘로 향하는 뾰족한 2개의 구조물로서 중국 광저우 개발구의 앞서가는 첨단 기술을 자랑하는 모습이다. 회색의 화강석으로 만들어져 있으며 조형물 바로 뒤로는 널찍한 호수가 있다.

유토피아 과학성 광장의 상징조형물

곡선미를 강조하여 지어진
실내체육관의 모습이 인상적이다.

개발구 내의 실내체육관 모습(바오닝광저우국제스포츠공연센터)

망우 상업광장

과학성 상업광장

과학성 내 업무용 빌딩

디지털 파크

유토피아 과학성은 디지털 및 정보 기술과 관련된 건물들이 모여 있는 지역이며 중국의 대표적인 첨단 기술 회사와 연구소들이 함께 위치한 단지이기도 하다.

이 유토피아 빌딩은 외부에서 보면 하나의 건물로 보이지만 실제로는 서너 개의 건물을 조합하여
지어진 클러스터형 복합 건물이다. 쇼핑, 문화, 오락 등을 한곳에서 해결할 수 있는 장소이다.

유토피아 빌딩

이 건물은 중국 남방 지역의 통신회사 건물이다.

외관에 유리와 패널을 사용하는 모던 스타일로 지어졌다.

중국남방전망유한책임공사 초고압송전공사

광저우에 비즈니스를 위하여 방문하는 사람들이 즐겨 찾는 호텔은 독특한 건축양식을 가지고 있으며, 외관의 조형미가 훌륭하다.
외벽에 흰색 수성페인트칠과 노출콘크리트 공법을 적용한 건축물이다.

에메랄드 크라운 홀리데이 호텔

별다방에서 중국어를 습득하다

개발구 내에 있는 유명 커피숍이다. 이 브랜드가 한국보다 먼저 들어온 곳이 중국이며, 가는 곳마다 이 커피숍이 즐비하다. 아이러니한 것은 중국인들은 커피보다 차를 즐겨 마시는 민족이라는 점이다. 그런데 이 커피숍이 곳곳에서 성행한다는 것이 약간 이해할 수 없는 부분이었다. 그러나 막상 가보면 알 수 있다. 대부분 젊은이들이다. 한국의 모습과 다르지 않다.

나는 이곳에서 중국어 공부를 했기에 추억이 어린 곳이라 한 컷 그려보았다. 퇴근 후 자전거를 타고 와서 보통 9시 반까지 공부하다가 숙소에 돌아오곤 했다. 나 외에도 많은 사람들이 공부에 여념이 없었다. 시원한 아이스 아메리카노 한 잔과 함께 공부에 몰두했던 곳이다.

나의 일상 속 동반자, 자전거

나의 멋진 교통수단이 되어준 MTB 자전거는 회사에 출퇴근할 때 또는 휴일에 내가 가고 싶은 곳이면 어느 곳이든 갈 수 있게 도와준 유용한 교통수단이었다.

유토피아 과학성 내의 커피숍

공부벌레들이 득실거리는 곳
황포도서관黄埔图书馆

香雪站 E 入口
Xiangxue

황포도서관을 갈 수 있는 인근 전철역 입구 표지

황포도서관은 광저우시 지하철 6호선 종착역
에 있는 대형 공공도서관이다. 2015년 개관하
였으며 건축 면적은 15,684㎡이다. 7층 규모
의 모던한 외관은 다이내믹하게 설계되었다.
도서관의 미션은 '사람 중심의 탁월성 추구'
이다. 1,200석의 좌석, 110만 권의 장서를 보
유했다.

주　소 광저우시 황포구 개라대도 4호
(广州市黄埔区开萝大道4号)
교통편 광저우 지하철 6호선 → 향설역
(广州地铁6号线 → 香雪站)

안내데스크 공간의 천장 높이

황포도서관 문을 열고 들어서면 도서
관을 찾아오는 이들을 친절하게 맞이
해 주는 커다란 안내소가 보인다. 이
곳의 높은 천장은 장엄함을 느끼게
한다.

황포도서관 향설관의 안내 데스크

황포도서관의 세련된 외관

황포도서관의 외관은 현대 건축의 걸작품이며 독특하고 다이내믹한 디자인을 강조하고 있다.

황포도서관 측면

공간 분할과 프라이버시 보호

도서관 내 공공 공간에 사군자가 그려진 파티션이 설치되어 있다. 파티션 중간중간 기하학적 모양의 틈새를 볼 수 있다.

도서관의 각 실을 구분해 놓은 파티션

황포도서관 우측에는 커다란 활엽수가 우뚝 자리를 잡고있다.

이곳에 오면 면학 모드

황포도서관은 널찍하고 각종 편의시설이 있어 공부하기에 적합하다. 외관도 독특하다. 화성광장에 있는 광저우박물관의 모습과 흡사하다.

'후생가외(後生可畏)'란 말이 있듯이, 무섭게 한국을 추격하는 중국의 도서관에선 남녀노소를 가리지 않고 많은 사람들이 학습에 열중하는 모습을 볼 수 있었다. 입장료는 없으며 아침 9시에 개방하여 오후 6시에 문을 닫는다. 쉬는 날 별 계획이 없으면 백팩을 메고 이곳 황포도서관을 찾았다. 점심이면 도서관 주변에 있는 현지 식당에서 중국 음식을 먹는 소소한 재미도 있었다. 나에게 주어진 자투리 시간들을 아주 유용하고 행복하게 쓸 수 있게 해준 고마운 도서관이다.

황포도서관 전경

257

LPGA가 열리는 그곳
사자호 골프장 獅子湖高尔夫俱乐部

광저우시 인근 청원시(清远市)에 있는 골프장이
다. LPGA(2013년 장하나 선수, 2017년 박효주 선
수 우승)가 열리는 이곳은 한국의 아마추어 골퍼
들에게도 인기가 좋다. 중국의 남부 지방에 위치
하고 있어 우리나라의 겨울철 시기에 이곳을 오
면 가을 날씨 같은 선선한 환경에서 굿 샷으로 베
스트 스코어를 기록할 수 있는 곳이다.

2006년 개장하였고 36홀·Par 144·14,135yard
규모이며 달(moon, 月) 코스와 달빛(moonlight,
月光) 코스가 있다.

LION LAKE COUNTRY CLUB
狮子湖高尔夫俱乐部

사자호 골프장의 엠블럼

주　　소 청원시 횡하진 사자호산장 1호
(清远市横荷镇狮子湖山庄1号)
교통편 광저우 백운공항 → 자동차 → 사자호 골프장
(广州白云机场 → 自驾 → 狮子湖高尔夫俱乐部)

멋진 드라이버 샷으로 임팩트존을 통과하는 모습

파세이브가 가장 어려운 홀

생각보다 어려운 골프 코스

중국 광동성 청원시에 있는 사자호 골프장은 규모로 세계 26위권 안에 든다. 중국 10대 골프장으로 선정된 바 있는 문(moon) 코스는 산과 강이 어우러져 원시 식물과 총천연색의 바위가 형형색색의 아름다움을 뽐내고 있으나, 정교한 벙커가 있어 스코어 관리가 쉽지만은 않은 곳이다.

사자호 골프장의 클럽 하우스 입구

클럽하우스 로비의 나선형 계단

나선형 계단은 건축물의 중심에서 시각적 포인트가 되며, 디자인과 실용성이 결합된 독특한 공간을 만들어낸다. 이러한 계단은 매력적이고 고전적인 감각을 가진 건축물의 상징이다.

양쪽으로 나선형 계단이 보이는
클럽 하우스 1층 로비

사자호 골프장을 상징하는 사자 동상

골프 코스를 따라 라운딩을 하다 보면 이곳이 사자
호 골프장이라는 것을 상징하듯 높은 언덕 위에 사
자 동상이 있고 정면에는 클럽 하우스가 보인다.

사자호 골프장 클럽 하우스

시원한 물줄기가 흘러내리는 벽천분수

사자호 골프장의 클럽 하우스 내부에는 1층과 2층을
연결하는 계단 중앙에 분수대가 있다.
라운딩을 끝내고 식사하러 올라가는 2층에 이 분수
대가 있어 시원하게 흐르는 물줄기 소리에 피로
가 풀리는 기분을 느낄 수 있다. 2층에는 식당,
로비, 라운지가 갖춰져 있다.
라운딩 후의 식사는 늘 그렇듯이 꿀맛이다.

사자 동상

클럽 하우스 2층으로 올라가는 계단의 분수대

263

여기는 스타트 하우스

이 골프장의 스타트 하우스는 2층 규모의 원형
기둥 형태로 지어져 있다.

약간 쌀쌀한 겨울철 아침에는 생강차가 무료로
제공되며, 간단하게 테이블에서 음료 및 요기를
한 후 티업을 하는 곳이다.

늘 티업하기 전에는 긴장되는 마음을 어쩔 수
없는 아마추어의 비애를 느끼지만, 결국 마음을
다잡고 티박스에 올라갈 수밖에 없다.

스타트 하우스의 외벽

장(長)타자에게 유리하고 정교한 골프장

사자호 골프장은 다이내믹한 36홀 국제 챔피언스 골프클럽이다. 세계적 골프 코스 설계자로 유명한 릭 제이콥슨이 중국 내에서 처음 설계한 골프장이기도 하다. 최상급의 페어웨이, 거친 러프, 천연 모래로 이루어진, 난이도가 높아 정교한 퍼팅을 요구하는 코스이다. 일반적인 골프장보다 4~5타는 스코어가 증가하는 곳이다.

티박스 앞에 길고 넓게 펼쳐진 페어웨이의 초록 잔디를 보니 왠지 어깨에 힘이 많이 들어갈 것 같다.

굿 드라이버 샷을 날린 후 여유롭게 걸어갈 때 시야에 들어온 클럽 하우스의 모습

"마음대로 안 되는 것이
골프라고 했던가?
시원하게 장타를 날리는
조건 중의 하나는
그림처럼 완벽한
피니시 자세일 것이다."

관징 골프 연습장

광저우에서 2년간 해외 생활을 하면서 운동은 주로 자전거 타기와 골프 연습을 했다. 숙소에서 나와 자전거로 20여 분만 가면 되는 곳에 관징 골프 연습장(冠景, Golf Club)이 있었다. 골프 연습을 할 수 있는 모든 시설이 잘되어 있으며, 특히 한국은 울타리가 그물망으로 되어 있으나 여기는 가장자리에만 그물망이 있고 나머지 공간은 오픈되어 있다는 특징이 있다. 필드에서 공을 치는 느낌 그대로 본인이 치는 비거리를 직관할 수 있어 좋은 곳이다.

휴일이면 와서 땀을 뻑이나 흘렸던 기억이 생생한 관징 골프 연습장

관징 골프 연습장 티박스의 모습

43

곡선미가 아름다운 아파트
향설국제아파트 香雪国际公寓

광저우시는 버스, 지하철, 고속철, 비행기, 택시, 오토바이, 자전거 공유 서비스 등 교통망이 잘 갖춰진 도시이다. 15개의 지하철 노선이 있어 광저우시 어느 곳이라도 지하철을 이용해 도착할 수 있다.

광저우 지하철 6호선의 종착역인 향설역에서 내리면 타원형으로 생긴 독특한 향설국제아파트를 볼 수 있다. 이곳에는 광저우에 있는 한국 기업체의 직원들이 많이 거주한다.

주　소 광저우시 황포구 향설팔로 98호
(广州市黄埔区香雪八路98号)
교통편 광저우 지하철 6호선 → 향설역
(广州地铁6号线 → 香雪站)

향설국제아파트 이름이 적힌 표지석

논어의 유명한 말씀

《논어》, 〈위정편〉에는 '학이불사즉망(學而不思則罔), 사이불학즉태(思而不學則殆)'라는 말이 나온다. 즉, '배우기만 하고 생각하지 않으면 얻음이 없고, 생각만 하고 배우지 않으면 위태롭다'라는 뜻으로 칸트의 '내용 없는 사상은 공허하고, 개념 없는 직관은 맹목적이다'라는 말과 맥락이 같다.

2개 동으로 이루어진 향설국제아파트 전경

향설국제아파트 주변 공원에 있는 《논어》 조각상

이 건물이 아파트?

향설국제아파트는 6호선 종착역인 향설역(香雪站) 부근에 있다. 사각형과 타원형이 섞인 모양으로 2개의 동이 거리를 두고 들어서 있다.

독특한 외양 때문에 지나는 길에 이 건물을 한참 바라보았다. 중국의 아파트 외관은 개성적인 반면, 한국의 아파트는 천편일률적인 면이 있어 차별화되지 못하고 창의성이 부족하다는 생각이 들었다. 빨리 지을 수 있고 비용이 덜 들진 몰라도, 성냥갑 같은 동일한 모양의 사각형 건축물은 자칫 지루하고 진부할 수가 있다. 건축 전공자의 입장에서 볼 때, 한국에는 일명 '작품으로 평가받는 건물'이 이곳에 비하여 적다고 생각한다.

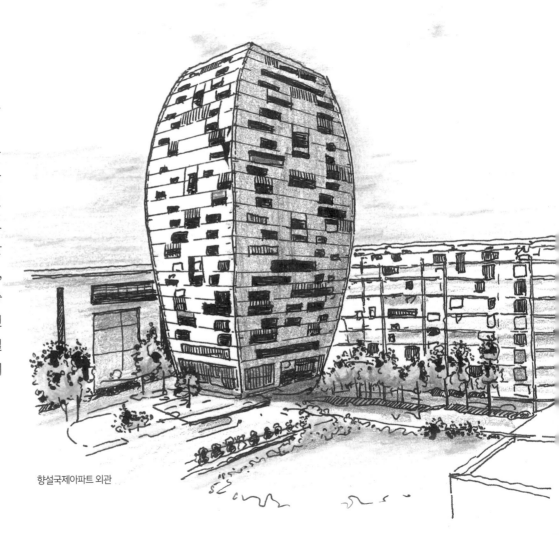

향설국제아파트 외관

아파트 인동 간격도 널찍하여 조망이 좋고 시원시원해
고급 호텔에 거주하는 듯한 느낌을 준다.

아파트 단지 내에 있는 연못과 산책로

44

세계 최대 규모의 서커스 공연장

창룽국제서커스대극장 长隆国际马戏大剧场

광저우시 번우구에 있는 창룽국제서커스대
극장은 약 8,000명을 수용할 수 있는 극장
이다. 300여 명의 배우와 400여 마리의 동
물이 출연하는, 다이빙 쇼, 공중기예, 기마 공
연, 인간 대포, 동물 퍼레이드, 오토바이 묘기
등 다채롭고 놀라운 볼거리를 가슴 졸여가며
경험할 수 있는 대형 서커스장이다. 한국에서
는 보기 힘든 각종 진기명기를 이곳에서 볼
수 있다.

주　소 광저우시 번우구 영빈로 장룽여유도가구 내
(广州市番禺区迎宾路长隆旅游度假区内)
교통편 광저우 지하철 3호선, 7호선 → 한계장룽역
(广州地铁 3号线, 7号线 → 汉溪长隆站)

창룽국제서커스대극장 입구

관람객으로 붐비는 휴일의 창룽국제서커스대극장 입구

세계 최대 규모의 서커스 공연장에서 한순간도 눈을 뗄 수 없는 환상적인 쇼를 보다

이곳 서커스장은 공중발레, 자전거 묘기, 마술쇼와 사자·호랑이·기린의 동물 공연 등 다양한 공연이
펼쳐진다. 공연장은 최신 기술을 활용한 화려한 무대 장치와 조명으로 꾸며져 있어 또 다른 시각적 즐
거움을 얻을 수 있다.

광저우 창룽국제서커스장은 온 가족이 즐길 수 있는 완벽한 곳이다. 다양한 연령대가 함께 어울려 즐길 수 있는 다채로운 프로그램이 있다.
공연 전후로는 인근에 있는 워터파크와 야생동물세계 등 다양한 레크리에이션 시설을 즐기며 하루를 보낼 수 있는 곳이다.

극장 내 수상낙원 및 야생동물세계

진기명기가 펼쳐지는 곳

창릉국제서커스장에서 펼쳐지는 환상적인 쇼는 단순한 공연을 넘어, 인생의 잊을 수 없는 추억이 될 것이다. 여기저기서 탄성이 들린다.

서커스장 입구

극장 매표소

45

드넓은 백만 송이 해바라기밭
백만규원 百万葵园

백만규원은 중국 최초로 해바라기 정원을 조성해 설계한 초대형 테마파크이다. 2002년 4월 개관했으며 광저우시 남사구에 위치하고 있다. 면적은 26만 km²로 엄청난 규모이다. 백만규원이라는 이름은 한자 뜻 그대로 '백만 송이의 해바라기가 심겨 있는 정원'이라는 뜻이다. 해바라기뿐만 아니라 각종 예쁜 꽃들도 많아서 전문적으로 사진 촬영하는 사람들이 많이 찾는다. 현란한 색상들이 마치 그림처럼 펼쳐져 있다. 중국이 아닌 유럽에 온 듯한 느낌이다.

주　소 광저우시 남사구 만경사진신간 15용
(广州市南沙区万顷沙镇新星15涌)
교통편 광저우 지하철 18호선 → 횡력역 → 남사 G1번 버스 → 백만규원역
(广州地铁18号线 → 横沥站 → 南沙G1路公交 → 百万葵园站)

백만규원의 해바라기밭

경사지붕 건물의 앞뜰에 붉은 꽃이 만발한 모습

라벤더 정원에 가면 상쾌하고 은은한 허브 향이 가득하다

백만규원을 '선플라워 가든(sunflower garden)'이라고도 말한다. 백만 송이가 넘는 해바라기밭이지만 실제로 방문해 보면 라벤더, 로즈메리, 맨드라미 등 아열대 기후에 적합한 각종 꽃과 식물로 가득 차 있어 세상 모든 꽃들의 향연장을 방불케 한다.

자연 속에서 힐링과 즐거움을 동시에 느끼는 곳

백만 송이의 해바라기 정원, 백만규원의 입구를 지나서 조금 안쪽으로 들어가다 보면 콘크리트로 포장된 긴 길을 따라 키 큰 야자수가 일렬로 줄지어 있다.

아열대 지방에서 자라는 이 야자수는 높이가 족히 20m는 되어 보인다. 시원하게 이파리를 늘어트린 야자수 아래에는 파란색 벤치가 놓여 있어 이 길을 지나가는 나그네의 발걸음을 멈추게 한다.

더위를 피할 수 있고 한숨 쉬어갈 수 있는 휴식의 공간이기도 하다.

키 큰 야자수 가로수길

백만규원의 화지연 호텔

외관이 매우 독특한 화지연 호텔

백만규원 안에 있는 화지연 호텔(花之宴酒店)은 아름다운 정원과 함께 독특한 건축양식을 자랑한다. 이 호텔은 자연과 조화를 이루는 디자인으로 방문객들에게 편안하고 아늑한 분위기를 느끼게 한다.

화지연 호텔은 주변의 정원과 조화를 이루도록 자연 친화적인 디자인으로 설계되었으며, 주변에 심어진 다양한 꽃과 식물들이 있어 사계절 내내 아름다운 경관을 감상할 수 있다. 호텔 내에는 레스토랑, 카페, 스파 등 다양한 편의시설이 마련되어 있어 방문객들이 편리하게 이용할 수 있다. 많은 사람들이 가보고 싶어 하는 곳이기도 하다.

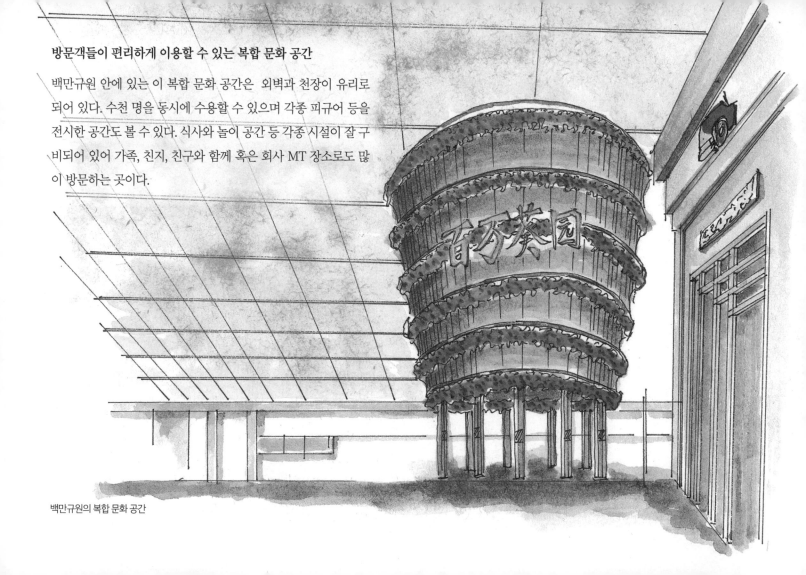

방문객들이 편리하게 이용할 수 있는 복합 문화 공간

백만규원 안에 있는 이 복합 문화 공간은 외벽과 천장이 유리로 되어 있다. 수천 명을 동시에 수용할 수 있으며 각종 피규어 등을 전시한 공간도 볼 수 있다. 식사와 놀이 공간 등 각종 시설이 잘 구비되어 있어 가족, 친지, 친구와 함께 혹은 회사 MT 장소로도 많이 방문하는 곳이다.

백만규원의 복합 문화 공간

라벤더

너는 우리에게 늦은 봄부터 초여름까지 은은한 파우더 향을 뿜내며 다가온다.

세상을 연보라, 진보라, 흰색, 녹색으로 아름답게 물들여준다.

우리가 세상살이에 지쳐 있을 때 휴식을 제공하고, 건조한 환경에서도 잘 자라주는 다정한 꽃.

꽃말은 '당신을 기다립니다', '기대', '침묵', '청초'로 너와 참 잘 어울린다.

백만규원에 핀 라벤더꽃

백만규원 내 숙박시설

백만규원의 아이코닉한 건물들

중국의 공원들은 규모가 엄청나다. 백만규원도 하루 일정을 가지고는 다 볼 수 없다. 시간적인 여유를 가지고 돌아보면 아름다운 풍경들을 많이 발견할 수 있다. 특히 건축물의 외장 디자인이 남다른데, 이국적인 유럽풍 디자인이 들어가 있다. 그리고 수많은 종류의 꽃들이 사계절 항상 피어 있어 많은 관광객들을 끌어들인다. 공원의 엄청난 규모에 놀라고 수많은 인파에 또 놀란다. 가족 단위로 묵을 수 있는 숙박시설도 외관이 동일한 곳이 없으며 모두 다 독특하게 지어져 있다.

해바라기

해바라기를 '태양의 미소', '황금빛 꽃', '햇살을 담은 꽃'이라고 한다. 태양을 향하여 피는 그 밝고 활기찬 모습은 태양의 미소를 닮은 듯하다.

해바라기꽃

46

광저우에서 가장 큰 천후상이 있는
남사천후궁 南沙天后宮

광저우시 남사구 대각산 동남쪽 기슭에 자리 잡은
도교 사원인 남사천후궁은 항해를 수호하는 여신 마
조를 모시는 사당이다. 마조는 천비(天妃), 천후(天
后)라고도 하는데 천후를 기리기 위한 사당이 바로
천후궁이다.
이곳의 남사천후궁은 항일전쟁 당시 일본군 공습으
로 소실되어 1994년에 중건하면서 베이징의 고궁
건축양식을 접목해 지붕 색깔이 자금성과 비슷하다.

주　　소 광저우시 남사구 천후로 88호
(广州市南沙区天后路88号)
교통편 광저우 지하철 4호선 → 남사객운항역
(广州地铁4号线 → 南沙客运港站)

남사천후궁에서 바라본 중국의 남쪽 바다 모습

남사천후궁 정문

마조여신의 위엄을 보다

남사천후궁은 여럿 있지만 이곳 남사천후궁의 천후성상이 가장 크다(높이 14.5m). 중국은 마조(媽祖)라는 민간신앙이 있다. 복건성에서 유래된 신앙으로 바다를 끼고 있는 중국의 남부 해안가 지방과 대만, 동남아 지역에서는 아주 보편적인 민간신앙이다. 마조는 본래 인간 여성이었으나 신격화되어 안전한 항해를 돕는 여신으로 추앙받고 있다고 한다.

14.5m 높이의 남사천후성상

남사천후성상을 지나면 계단이 기다리고 있다. 이곳을 통하여 사원으로 진입할 수 있다.

사원으로 향하는 계단

광저우에서 만난 순간들

도시의 소란스러움을 벗어나 마음을 정화하기에 최적인 장소

광저우의 숨겨진 휴식처, 남사천후궁은 바쁜 일상 속에서 잠시 여유를 즐기고 싶은 이들에게 완벽한 장소이다. 아름다운 자연 경관과 함께 산책을 즐기며 내면의 평온을 찾을 수 있고 마음을 정화하기에 최적인 장소이기도 하다.

회색 화강석으로 만든 남사천후궁 입구 조형물

남사천후궁의 명판

중국의 남해
산미 차랑 홍해만 汕尾遮浪红海湾

广州市
광저우시

汕尾市
산웨이시

광동성 지도

광저우에서 멀지 않은 광동성 동남쪽 산미시의 차랑 홍해만
은 아름다운 해안 지역으로서 맑은 바다와 고운 모래사장으
로 유명하며 여러 지역 사람들에게 휴양지로 인기가 많은 곳
이다. 이곳에서는 윈드서핑, 스노클링, 낚시 등을 즐길 수 있다.

주　소 산미시 성구 차랑가도 남오로
(汕尾市城区遮浪街道南澳路)
교통편 116번 버스 → 차랑여유구역
(116路公交 → 遮浪旅游区站)

한국의 남해와 다르지 않은 중국의 남해

중국의 남해를 가 보았다. 고속철을 타고 광동성 산미시에 있는 산미고속철도역에서 차랑 홍해만까지 들어갔다. 쾌속정을 타고 등대 탑이 있는 무인도에도 가 보았다. 중일전쟁 당시 일본군의 폭격으로 쓰러진 적벽돌 건물의 잔해가 그대로 보관되어 있었다. 푸른 쪽빛 바다는 언제 보아도 시원하고 막힌 가슴을 뚫어준다. 볼 끝을 스치는 바닷바람이 상쾌했으며 중국의 남해도 한국의 남해 못지않게 아름다웠다.

차랑 홍해만에서 바라본 등대섬의 등대

웅장한 산미역

광저우동역(廣州東站)에서 고속철에 몸을 실으면 최고 시속 300km의 속도로 달려 이곳에 서너 시간이면 도착한다.

이곳의 산미역 대합실은 규모가 상당하다. 또한 대합실을 걸어 나오면 역사 밖 광장 한가운데에 야트막한 연못이 있으며 주변을 둘러보아도 굉장히 드넓다. 외벽을 흰색 계열의 화강석으로 지은 산미역 역사는 웅장함 그 자체이다.

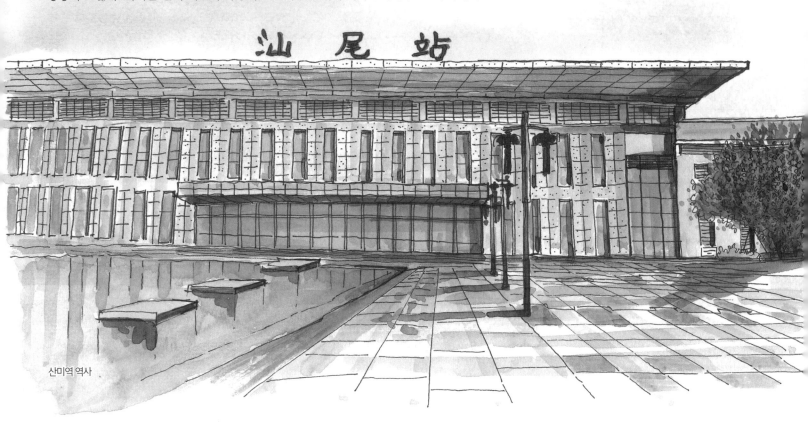

汕尾站

산미역 역사

중국인들이 평소에 자주 사용하는 인사말 '일범풍순'

홍해만 입구에 가면 '일범풍순(一帆風順)'이라는 문구
가 새겨진 기둥이 있다. 일범풍순은 중국의 사자성어이
자 자주 하는 인사말로 '일이 순조롭게 잘 진행된다'는
뜻이다. 예를 들어 "祝你 一帆風順"이라고 하면 "당신
이 하는 일이 잘되기를 기원합니다."라는 의미이다.

'일범풍순'이 쓰인 입구의 기둥

미소가 있는 여행길의 여유

차랑 홍해만은 남해의 긴 해안선을 따라 암석으로 이뤄져 있다.

셀 수 없이 부딪치는 파도에 의한 침식작용으로 암석은 부분적으로 닳아 없어진 모습이다.

그러나 비교적 암석이 평평하여 걷는 데는 불편함이 없었다.

지나가는 길에 목줄 없이 노니는 강아지들이 꼬리를 흔들며 관광객들을 반갑게 맞아준다.

꼬리를 흔드는 강아지

"외로운 돌섬
차가운 바위 위에 홀로 서서
봄, 여름, 가을, 겨울
자신을 산화하여
뱃길의 길라잡이로
헌신하는 등대"

등대지기가 사는 곳

47_산미 차랑 홍해만   297

세월의 덧없음이여

법정 스님의 시구에 "세월은 가는 것도 오는 것도 아니며, 시간 속에 사는 우리가 가고 오고 변하는 것일 뿐이다."라는 말이 있다. 다람쥐 쳇바퀴 돌 듯 살아가는 요즘 현대인들에게 울림을 준다.

결국 바다는 변하지 않고 바다를 찾아온 내가 변해 있는 것이다. 세상을 살아가다 보면 한 번씩 가슴이 막히고 답답할 때가 있다. 이럴 때 갯내가 물씬 풍기는 넓은 바다를 보며 큰 소리 외치고 돌아오면 가슴이 가라앉는다. 망망대해를 바라보며 먼지를 털어내듯 전부 버리고 다시 담을 준비를 하고 돌아오는 길은 언제나 편안하다.

일본군 폭격으로 부서진 건물의 잔해 뒤로 보이는 너른 중국의 남해

차랑 훙해만에 자리 잡고 있는 사찰 '남해사(南海寺)' 입구

득도는 내면의 탐구이며 무욕의 상태이다

차랑 홍해만에 있는 득도석(得度石)은 미혹(迷惑)의 세계를 넘어 깨달음의 경지에 이를 수 있는 장소이다. 득도(得度)는 인간이 정신적으로 깨달음을 얻고, 속세의 번뇌에서 자유로워지는 상태를 가리킬 수도 있다. 삶의 본질을 깨닫고 내면의 평화를 찾는 것, 집착과 욕망에서 자유로워지는 순간이다.

득도석

하얗게 부서지는 파도

하얗게 부서지는 파도를 '포말'이라고 한다. 파도가 바위나 해안에 부딪힐 때 생기는 흰 거품을 말한다. '포말'은 바닷물의 하얀 거품과 물방울이 공중으로 흩어지며 이루어지는 아름다운 광경이다. 쾌속정을 타고 남해를 질주할 때 발생하는 하얀 파도는 매우 인상적이었다.

홍해만에 도착하자 첫눈에 들어온 파도

쉼터 그늘에서 바라본 홍해만 해변

푸른 바다와 끝없는 수평선 그리고 바다의 속삭임

차랑 홍해만을 방문할 당시는 한여름이었다. 따가운 햇살 아래를 걷는 일은 쉽지 않았다. 득도암을 지나서 30여 m를 지나가니 햇볕을 피할 수 있는 정자가 나타났다. 그곳에서 잠시 휴식하면서 홍해만을 바라보았다.

음양의 조화가 이곳에 있다
소관 단하산 韶关丹霞山

광동성 동북쪽에 위치한 소관시에 가면 음양의
조화가 어우러진 유명한 산이 하나 있다. 이름
은 단하산이다 '붉을 단'에 '놀 하' 자인 단하산
(丹霞山, 단샤산)을 광동 사람들은 '광동의 계
림'이라고도 칭한다. 요즘에는 한국인들에게도
널리 알려져 많은 사람들이 이곳을 찾고 있다.
유네스코 세계자연유산(2010년)과 세계지질공
원(2004년)으로 등재되어 있다.

주　소　소관시 인화현 단하산경구
(韶关市仁化县丹霞山景区)
교통편　자동차 → 소관시 인화현 106국도 단하산여전선차 → 단하산객운역
(自驾 → 韶关市仁化县106国道丹霞山旅游专线车 → 丹霞山客运站)

파노라마 뷰

이곳을 방문하면 산책로를 따라 단하산의 풍경을 감상할 수 있다. 경사로를 오르며 만나는 자연의 아름다움은 마치 모험을 떠나는 기분을 느끼게 해준다. 산 정상에 오르면 펼쳐지는 파노라마 뷰는 한 번 보면 잊을 수 없는 장관을 선사한다.

자연 암석으로 만들어진 단하산의 둥근 아치 다리

예술작품같이 아름다운 단하산

단하산(丹霞山)은 자연의 경이로움을 느낄 수 있는 아름다운 명소이다. 이곳은 유네스코 세계자연유산으로 등재된 단하지형(丹霞地形)의 대표적인 예로, 붉은 사암으로 이루어진 독특한 지형이 특징이다. 단하산은 약 7천만 년 전에 형성된 거대한 홍색지층으로, 붉은 벽과 절벽이 마치 예술작품처럼 펼쳐져 있다.

단하산 입구 표지석

양원석과 음원석이 있는 곳

단하산의 또 다른 매력은 다양한 기암괴석이 있다는 것이다. 자연적으로 형성된 기이한 바위들은 마치 조각품처럼 그 자체로 예술 작품이다. 특히 양원석과 음원석은 각각 남성과 여성을 상징하는 바위로, 자연이 만들어낸 경이로움에 감탄할 수밖에 없다.

카르스트 지형의 '홍사암'으로 이루어진 '양원석'

기암괴석으로 이루어진 단하산의 모습

단하산은 붉은색 사암으로 이루어진 독특한 지형을 가지고 있는데 이를 단하지모(丹霞地貌)라고 부른다.

명소로는 양원석(阳元石)과 음원석(阴元石) 같은 독특한 바위 형상이 있으며, 특히 양원석 일출이 유명하다. 양원석을 따라 오르는 계단은 정말 천 길 낭떠러지같이 가파르다.

자연 그대로의 바위를 깎아서 만든 수많은 계단의 디딤판을 보면 석공의 땀을 미루어 짐작할 수 있다.

양원석을 올라가는 계단

암석으로 이루어진 산의 가운데 부분에 통행로를 만들어
여행객들이 이동할 수 있도록 해놓았다.

단하산의 기암괴석

암석을 깎아 만든 정상으로 올라가는 통행로

단하산은 중국 광동성 샤오관(韶关)에 위치한 단하 지형의 명승지이다. 광동성 4대 명산 중 가장 으뜸으로 꼽히며, 산자락에는 수많은 고찰이 자리하고 있어 중국 선종의 발자취를 따라갈 수 있다.

일반 카르스트 지형과는 달리 단하산은 홍사암으로 이뤄져 있고 700여 개의 가파른 절벽과 붉은 암석으로 구성되어 한국에서는 볼 수 없는 지형이다. 최근에는 한국 사람들이 자유 여행으로도 많이 방문하는 핫플레이스가 되었다.

정상 부근에서 하산하는 길에 있는
벽돌로 만든 아치형 입구

다채로운 색상의 경관을 보다

단하산의 매력 중 하나는 마치 병풍처럼 이곳에서 펼쳐지는 다채로운 색상의 경관일 것이다. 붉은 사암이 햇빛을 받으면 따뜻하고 황홀한 색조로 변하며, 해 질 녘에는 노을과 어우러져 환상적인 장관을 이룬다. 이러한 색채의 조화는 마치 그림처럼 아름다워 보는 이의 마음을 사로잡는다.

단하산의 독특한 풍경

암석면에 석공이 직접 올라가서 '단하(丹霞)'를 새겨 넣었다.

유람선을 타고 관광하다

단하산을 방문하면 장로봉(长老峰)과 상룽호
(翔龙湖) 등 다양한 유람구를 탐험할 수 있다.
장로봉에서는 일출을 감상할 수 있으며, 상룽
호에서는 유람선을 타고 아름다운 풍경을 즐
길 수 있는 곳이다.

광동의 계림, 금강풍경구

'광동의 계림'이라고 불리는 곳

단하산은 그 독특한 지형과 아름다운 자연 경관으로 인해 '광동의 계림'이라고 불리며, 많은 관광객들이 찾는 명소이다. 이곳을 방문하면 자연의 위대함과 아름다움을 온몸으로 느낄 수 있을 것이다.

여러 모양의 암석으로 이루어진 단하산

단하산에서의 멋진 하루를 만끽하며, 자연이 선사하는 경이로움을 경험했으면 한다.

유네스코 지정 기념 표지석

단하산의 또 다른 출입구

광저우의 낭만을 가슴에 담으며

여행이란 참 묘한 힘을 가진 경험입니다.

일상적인 익숙함을 떠난 새로운 공간에서 미처 몰랐던 자신을 발견하게 하고, 때로는 우리가 몰랐던 세상의 조각들을 이어 붙이며 인생의 또 다른 풍경을 만들어줍니다. 이번 '광저우 여정'을 통해 소개한 광저우의 48곳이 단순히 지명으로 남는 것이 아니라, 그곳에 담긴 시간과 이야기를 통해 독자 여러분의 기억 속에 오래도록 자리 잡기를 바랍니다.

광저우는 단순한 대도시가 아닙니다. 급격한 산업화와 도시화 속에서 여전히 순수하고 소박한 아름다움이 숨 쉬고 있는 곳입니다. 붉게 물든 저녁놀이 아름다운 서녘 하늘 아래에는 유유히 흐르는 주강(珠江)이 있고, 그 강을 따라 천천히 걷다 보면 도시의 소란함은 잦아들고 잔잔한 강바람이 마음을 어루만져 줍니다. 또한 광동성 특유의 전통 가옥들이 늘어선 옛 거리를 지나며 찻집에 들러서 마시는 따뜻한 차 한 잔은 그저 음료가 아니라 긴 여정 속 짧은 쉼표가 되어줍니다. 광저우의 여러 공원에서 새소리를 들으며 만끽하는 계절이나, 한적한 숲길을 걸으며 맞이하는 바람은 낯설면서도 친근한 위로로 다가옵니다. 도시의 한복판에서 마주치는 낡은 건물들과 오래된 시장, 그리고 현지인들이 만들어내는 활기찬 일상의 풍경은 이 도시만의 독특한 매력을 더욱 돋보이게 합니다.

이 책을 쓰며 저는 광저우를 단순한 여행지가 아닌 사람들이 살아가는 하나의 삶의 무대로 느끼게 되었습니다. 그 무대 위에 서 있는 많은 사람들, 그리고 그들이 만들어가는 이야기가 어우러져 광저우라는 도시는 하나의 거대한 작품이 되었습니다.

길 위에 머물러야만 여행을 하는 것이 아닙니다. 어떤 공간에서 느꼈던 감정과 남겨진 추억들은 시간이 지나도 우리를 또 다른 여행으로 이끕니다. 이 책이 독자 여러분께 광저우라는 도시의 따뜻함과 낭만을 전할 수 있었다면, 그리고 그 낭만이 일상에 작은 설렘을 만들 수 있었다면 더할 나위 없이 기쁠 것입니다.

책장을 덮고 일상으로 돌아가더라도 여행은 계속됩니다. 여행의 기억이 마음속에 문득 떠오르는 순간마다 새로운 이야기를 속삭여줄 것입니다. 언젠가 광저우의 낭만이 그리워질 때, 다시 한번 광저우에 방문한다면 변함없이 따뜻한 풍경과 새로운 이야기가 여러분을 맞이할 것입니다. 그때는 더 많은 추억을 담아 새로운 여행을 시작하길 바랍니다. "진짜 여행은 풍경 속의 자신을 발견하는 것이다"라는 말처럼 이 책이 여러분 마음속에 작은 변화를 선물하길 소망합니다. 또한 "여행은 목적지가 아니라 마음에 남는 풍경이다"라는 말대로 마음속 여러 풍경의 한편에 광저우가 자리하길 소망합니다.

언젠가 다시 만날 날을 기약하며 첫 광저우 여행을 여기서 마무리합니다.

을사년 봄이 오는 길목에서, 가을 나그네 이병수

Foreign Copyright:
Joonwon Lee   Mobile: 82-10-4624-6629

Address: 3F, 127, Yanghwa-ro, Mapo-gu, Seoul,
         Republic of Korea 3rd Floor
Telephone: 82-2-3142-4151
E-mail: jwlee@cyber.co.kr

여행자의 스케치북

광저우에서 만난 순간들

2025. 4. 9. 1판 1쇄 인쇄
2025. 4. 16. 1판 1쇄 발행

지은이 | 이병수
펴낸이 | 이종춘
펴낸곳 | BM (주)도서출판 성안당
주소 | 04032 서울시 마포구 양화로 127 첨단빌딩 3층(출판기획 R&D 센터)
     | 10881 경기도 파주시 문발로 112 파주 출판 문화도시(제작 및 물류)
전화 | 02) 3142-0036
     | 031) 950-6300
팩스 | 031) 955-0510
등록 | 1973. 2. 1. 제406-2005-000046호
출판사 홈페이지 | www.cyber.co.kr
ISBN | 978-89-315-8596-4 (17910)
정가 | 25,000원

이 책을 만든 사람들
책임 | 최옥현
진행 | 김지민
교정 · 교열 | 김지민, 상:想 company
본문 디자인 | 상:想 company
표지 디자인 | 박주연
홍보 | 김계향, 임진성, 김주승, 최정민
국제부 | 이선민, 소혜란
마케팅 | 구본철, 차정욱, 오영일, 나진호, 강호묵
마케팅 지원 | 장상범
제작 | 김유석